30 课后半小时

中国中小学生
人文·社会·科学

通识教育课

了不起的文学

中国文学·外国文学

吴吉茜◎编著

山东教育出版社
·济南·

图书在版编目（CIP）数据

了不起的文学 / 吴吉茜编著 . -- 济南 ：山东教育
出版社，2024.11.（2025.2 重印）--（中国中小学生通
识教育课）. -- ISBN 978-7-5701-3334-5

Ⅰ . I-49

中国国家版本馆 CIP 数据核字第 2024SG7372 号

LIAOBUQI DE WENXUE

了不起的文学

吴吉茜 / 编著

主管单位： 山东出版传媒股份有限公司

出版发行： 山东教育出版社

　　　　　地址：济南市市中区二环南路 2066 号 4 区 1 号　　邮编：250003

　　　　　电话：（0531）82092660　　网址：www.sjs.com.cn

印　　刷：济南新先锋彩印有限公司

版　　次：2024 年 11 月第 1 版

印　　次：2025 年 2 月第 2 次印刷

开　　本：787 毫米 × 1092 毫米　1/16

印　　张：6

字　　数：123 千字

定　　价：49.00 元

（如印装质量有问题，请与印刷厂联系调换）印厂电话：0531-88618298

序言

　　新课程改革给教育带来了极大的变化，其中最大的变化就是强调培养德智体美劳全面发展的人。过去，我们的学校教育偏重应试教育，导致素质教育不能得到真正落实。为了改变这一局面，新课标增加了通识教育的内容。

　　通识教育是教育的一种，它的目标是在现代多元化的社会中，为受教育者提供跨越不同群体的通用知识和价值观。随着人类对世界的认识日益深入，知识分类也变得越来越细。人们曾以为掌握了专业的知识，就能将这一专业的事情做好。后来才发现，光有专业知识并不一定能在相关领域有所创造。一个人的创造力必须是全面发展的结果。我国古代的思想家很早就认识到通识教育的重要性。古人认为，做学问应"博学之，审问之，慎思之，明辨之，笃行之"，并且认为如果博学多识，就有可能达到融会贯通、出神入化的境界。如今，开展通识教育已经成为全世界教育工作者的共识。通识教育让我们的学校真正成为育人的园地，培养德智体美劳全面发展的人。

　　家长们也许要问，什么样的知识才具有通识意义？这正是通识教育关注的焦点问题。当今世界风云变幻，知识也在不断更新，这就需要更多的专业人员站在人类文明持续发展的高度，从有益于开发心智的角度出发，在浩瀚的知识海洋中认真筛选，为学生们编写出合适的书籍。

目前，市面上适合中小学生阅读的通识教育类的书籍并不多见，而这套《中国中小学生通识教育课》则为学生们提供了一个很好的选择。该系列涵盖人文、社会、科学三大领域，内容广泛，涉及哲学、历史、文学、艺术、传统文化、文物考古、社会学、职业规划、生活常识、财商教育、地理知识、航空航天、动植物学、物理学、化学、科技以及生命科学等多个方面。编写者巧妙地将丰富的知识点提炼为充满吸引力的问题，又以通俗有趣的语言加以解答。我相信，这套丛书会受到中小学生们的喜爱，或许会成为他们书包中的常客，或是枕边的良伴。

贺绍俊

文学评论家

目录 CONTENTS

了不起的文学

当你翻开书本，邂逅古今中外的文学作品时，你不禁会思考：这些伟大的作品是如何诞生的？它们为何能跨越时空，深深触动人心？是否还有尚未被发掘的文学宝藏等待着我们去探索……让我们将文学视为心灵的灯塔，与文学大师们共赴一场精神的盛宴，让文学的光芒照亮我们每个人的心灵深处。

为什么说上古神话是后世文学的先驱？

你知道后世文学的先驱是什么吗？

上古神话！

上古神话是如何出现的？

神话，顾名思义，就是关于神仙或神化的古代英雄的故事，是古人对自然现象和社会生活的一种天真的解释和美丽的向往。"上古时代"又称"上古时期"，在中国一般指夏朝前的时期。当时的先民对大自然的认知极为有限。天为什么会下雨和打雷？大地为什么会震动？山为什么会喷火？他们难以理解这些"奇观"，就会不由自主地对大自然产生一种神秘感和敬畏之情，他们认为一定有一种超自然的力量在操控世间万物，于是便产生了各种幻想。由此，神话便应运而生了。

难道是神明在发怒？

难道这个彩陶上的花纹就是人首蛇身的伏羲吗？

上古神话是如何流传下来的？

上古时期，我们的祖先还没有系统的神话著述，比如女娲（wā）补天、后羿（yì）射日、共工触山等我们耳熟能详的故事，基本都是靠人们口口相传才得以保存下来的。

当然，图像也在神话流传中起到了重要作用。比如，在距今已有五千多年的仰韶文化遗址中，考古学家发现了一件奇异的彩陶，有学者就认为它上面绘制了人首蛇身的伏羲（xī）——上古神话中的"三皇"之一。

上古神话对后世文学的影响

　　其实，我们熟悉的很多中国文学作品都借鉴（jiàn）了上古神话，比如，《诗经·大雅·生民》中关于周部族起源的叙述，就带有浓厚的上古神话色彩；《庄子》中的鲲（kūn）鹏之变、黄帝遗玄珠等故事，也都是在上古神话的基础上演变而来的；在《搜神记》《聊斋志异》中也出现了很多关于人与神仙、鬼怪的故事，并且志怪小说这种文学体裁本就承袭自上古神话；《红楼梦》作为中国古典小说四大名著之一，在开篇就讲述了女娲炼石补天这一神话……诸如此类，不胜枚举。这足以说明上古神话对后世文学产生了深远影响。

📖 **知识加油站**

　　在我们的远古神话中，曾出现过很多神鸟形象。下面这些神鸟的名字你听说过几个？
　　鲲鹏、凤凰、三足金乌、大鹏金翅鸟、朱雀、重明鸟、毕方、青鸾（luán）、鬼车（又称九凤、九头鸟）、大风鸟。

上古时代的"大百科全书"

《山海经》里的奇珍异兽到底存不存在呢？

奇珍异兽的狂欢派对

你知道我国古代的两大图腾——龙和凤最早出自哪里吗？告诉你吧，它们都源自中国的志怪古籍《山海经》。在这部被很多学者认为"先有图、后有经"的古代奇书里，描绘了400多种奇珍异兽的形象，比如有一种叫"獙（bó）訑（yí）"的野兽，它长得像羊，却有着九条尾巴和四只耳朵，眼睛则长在后背上；还有外形像虎、披着刺猬毛皮、长着翅膀、靠吃人为生的穷奇等。传说这些异兽有的能逢凶化吉，有的则可能引来灾祸，还有的在山川里当逍遥自在的"隐士"……如果把它们拉来开一场派对，不知道会有多热闹。

"上古奇书"名不虚传

《山海经》由《山经》和《海经》两部分组成，内容主要围绕民间传说的地理知识展开。全书分别介绍了五百多座山、三百多条水道、四百多个荒远地域中的神怪异兽，以及与这些内容相关的神话传说等。书中内容涉及山川、物产、动植物、人文、药物、医学、历史、宗教、神话、祭（jì）祀（sì）、民俗等多个方面，堪称上古时代的"大百科全书"。别以为这部来自上古时代的《山海经》离我们很遥远，我们耳熟能详的神话传说，如"精卫填海""夸父逐日""嫦娥奔月"等，就出自《山海经》哦！

写奇书的会是奇人吗？

很多人会好奇，能写出奇书《山海经》的人到底是谁，可惜目前无从考证。关于作者，历史上存在很多争议。有人认为《山海经》是由大禹的助手伯益通过口头传播的方式流传下来的；也有人从语言习惯上分析，认为《山海经》应该是战国时期的楚人创作的；还有人认为它并非出自一时一人之手。但不管《山海经》的作者是谁，它作为我国古代先人智慧的结晶这一点是毋（wú）庸置疑的。

也许《山海经》并非出自一人之手呢！

中国志怪小说的灵感源泉

后世的很多文学创作都借鉴了《山海经》里的异兽形象。例如，《封神演义》里蛊（gǔ）惑人心的九尾狐妲（dá）己，其原型便出自《山海经》；又如，《西游记》里东海龙王的形象也与《山海经》中描述的龙有着千丝万缕的联系。说《山海经》是中国志怪小说的灵感源泉，还是有一定道理的。

志怪小说

山海经

妲己就用九尾狐形象了！

封神演义

西游记

东海龙王也找到原型了！

我们是"上古奇书"组合！

山海经　周易　黄帝内经

《诗经》就是古代的歌词吗？

简约而不简单！

你怎样评价《诗经》？

诗经

四字一句，简约而不简单

"关关雎（jū）鸠（jiū），在河之洲。窈（yǎo）窕（tiǎo）淑女，君子好（hǎo）逑（qiú）。"你一定很熟悉这两句朗朗上口的诗吧？它们都出自《诗经》哦！《诗经》里的大多数作品都是四言诗，它们韵律和谐，朗朗上口，易于吟（yín）唱。别看这部诗集字少，其内容可是相当丰富的。《诗经》看似简约，却绝不简单。

《诗经》的几宗"最"

此"最"非彼"罪"，这里所指的是《诗经》在文学史上所占据的几个独特地位：中国最早的诗歌总集、中国最早的哲理诗、中国最早的朦胧诗、中国最早的婚典乐歌……这么看，它的"履（lǚ）历"可真是了不得啊！

最早的诗歌总集

最早的哲理诗

最早的朦胧诗

最早的婚典乐歌

是孔家"出品"，还是乐师加工？

《诗经》现存有 305 首诗，你一定想问，到底是谁能写出这么多佳作呢？其实，这部诗集是古人从西周初期到春秋中叶约五百年间积累下来的成果。据说，当时流传下来的诗有三千多首，但只有十分之一被《诗经》收录。西汉史学家司马迁认为《诗经》是由孔子删减整理而来的，也有人认为《诗经》是由周朝乐师整理加工而成的。但不管怎么说，我们都要感谢先人为我们留下了这部优秀的诗集。

我到底是谁编订的？

中国文学

你们知道什么是中国文学吗？有人会说，中国人写的小说、童话、散文都属于中国文学呀！这话虽说得没错，但不够全面。中国文学是一个博大精深的领域，涵盖了从中国古代到当代的各种文学形式和作品。按照时间划分，中国文学可以被分为古典文学、现代文学与当代文学。《诗经》被认为是中国现实主义文学的第一座里程碑，它不仅展现了那个时代的社会风貌和人们的思想感情，更对中国文学的定型与发展起到了巨大的作用。它的影响深远而持久，贯穿了中国文学的历史长河，成为中国文学宝库中最为珍贵的文学遗产之一。

🖥 课堂小链接

《诗经》分为《风》《雅》《颂》三个部分。《风》包括十五国风，大多是古代民歌；《雅》分为《大雅》《小雅》，是周朝宫廷宴会上演奏的乐歌；《颂》分为《周颂》《鲁颂》《商颂》，是贵族祭祀时歌颂祖先的乐歌。

5000多字的《道德经》为何能影响世人两千多年?

老子仅用5000多字，就超越了别人50万字的境界……

《道德经》为什么又叫《老子》?

《道德经》最初不叫《道德经》，而叫《老子》，它是以作者"老子"的名字命名的。相传老子姓李，名耳，字聃（dān），人称"老聃"。当时，学识渊博的人通常都被尊称为"子"，所以，"老聃"也就慢慢成了"老子"。

《孔子圣迹图》第九幅《问礼老聃》［明］仇英

老子是谁?

老子，是春秋后期楚国人，中国古代伟大的哲学家、思想家、文学家以及道家学派的创始人。相传他做过周朝的史官，并负责管理王室的藏书，学识十分渊博。有记载显示，大教育家孔子也曾向他请教过很多问题。

在"逼迫"下诞生的千古大作

说起《道德经》的诞生，还有一个有趣的传说。随着周王朝的衰微，看不到希望的老子想出世隐居。当他来到函谷关时，却被一个叫尹喜的关令拦住了。尹喜知道老子并非寻常人，便要求他留下毕生所学后再离开。老子无奈之下这才写下了《道德经》。没想到，尹喜拜读完之后被老子的才华所折服，立即辞去官职，跟随他一起出关归隐了。

短短 5000 多字，浓缩的都是精华

《道德经》分为《道经》和《德经》两部分，尽管全文仅有 5000 多字，但其思想深度与广度却足以超越数十万字的作品。作为中国古代哲学的奠基之作，《道德经》蕴含了丰富的朴素辩证法思想，并阐述了老子无为而治的政治主张。它以"道"来解释宇宙万物的演变，论述了关于修身、养生、治国以及万物起源等思想。文中包含了由不同的人提出的各种各样的问题，而老子对这些问题都做了精辟独到的回答。

老子雕像

你知道吗？

在中国古代，上至帝王将相，下至平民百姓，很多人都把《道德经》作为枕边书来读。据记载，唐玄宗、宋徽宗、明太祖等帝王还曾为《道德经》做过注解呢！即使在西方，一些哲学大师也把它当成珍贵的材料去研读。至今，《道德经》的外文译本已超过 50 种，其中不乏一些小语种版本。

百家争鸣——中国古代的第一次思想大碰撞

儒 法 道 墨 兵

当时真的有一百个学派在争鸣吗？

谁知道呢！

百家争鸣的背后：阶级大变革

如果天下太平，谁又会争来争去呢？因此，百家争鸣是伴随着重大的社会变革而出现的。春秋战国时期，诸侯们为了巩固自身的实力，极力推行土地私有制，并由此催生了地主阶级。新的地主阶级与旧的奴隶主阶级之间产生了激烈的冲突，这导致原有的社会制度受到了极大的破坏，并最终走向了瓦解。

大放异彩的士阶层

春秋战国时期，由有学识的平民和没落的贵族组成的士阶层兴起，逐渐在历史的舞台上崭（zhǎn）露头角。士阶层介于大夫与庶（shù）民之间，其人数庞大且成分复杂，涌现出了很多德才兼备的人。他们各执己见，各有主张，并通过著书立说、周游讲学等方式向统治者"推销"自己的思想理念。

孔子　老子　墨子　庄子

百家争鸣：治国理念的多元碰撞

对于治国之道，不同的人有不同的见解，这一时期涌现出了很多新的政治主张。为了扩大影响力，有着相同主张的人们办学堂、立学派，并推选领袖人物，希望能让自家的思想成为当时的主流思想。这一时期，在众多学派中表现得最为突出的是儒家、墨家、道家、法家、名家、阴阳家这六家。百家争鸣不仅推动了封建社会主流意识的形成，也是中国古代第一次思想文化发展的高峰。

中国散文：争鸣中的文学瑰宝

实际上，不同学派之间的"较量"在无形中也拔升了先秦时期散文的创作水平。虽然《论（lún）语》《墨子》《荀（xún）子》《庄子》等典籍是为了宣扬学派思想而创作的，但其在风格上各有特色，有的幽默诙谐，有的生动活泼，有的慷慨激昂，可谓"百花齐放"，对后世的散文创作产生了深远的影响。

💡 你知道吗？

西汉时期，为了加强中央集权，汉武帝刘彻采纳了董仲舒的建议，实行了"罢黜（chù）百家，独尊儒术"的统治政策，专门推崇儒家学说。后来，这一政策也被历代君王所沿用。自此，在这场持续了数百年的"拉力赛"中，以孔子为代表的儒家学派成为最终的"赢家"。

荀子　　孟子　　韩非子　　孙武

孔子为什么被推崇为"圣人"？

你去干吗？

我去学习《论语》！

《论语》和孔子的不解之缘

一提到《论语》，你肯定会想到孔子。孔子出生于春秋末期，是一位伟大的思想家、教育家，也是儒家学派创始人。他的名言还被选进了课本，如"三人行，必有我师焉""温故而知新，可以为师矣"等。可你知道吗？其实，《论语》并不是孔子亲自写的，而是由孔子的弟子及其再传弟子整理而成的，主要记录了孔子及其弟子的言行。

《孔子画像》［明］王谔

孔子：矢志不渝的教育家

据说，孔子在 37 岁时创办了中国历史上最早、最大的私学，当时吸引了不少人到此求学。他一生致力于教育事业，从未从教师的岗位上"退休"。不过，孔子当老师可不是为了"过瘾"，而是真心实意地想把毕生所学传授给弟子。据记载，他的"弟子三千，贤者七十二"，得意门生包括颜回、冉（rǎn）求、曾子、子贡等人，真可谓"桃李满天下"呀！

崇高的称号——"圣人"

在古代，"圣人"不仅指那些德高望重、智慧超群、已经达到道德至高境界的人，有时也被用来称呼君主，但在很多情况下专指孔子。你知道吗？在春秋末期，除了孔子，还涌现出了许多能被称为"圣人"的贤者，比如老子、墨子、孟子、庄子、荀子等。

《孔子授书图》［明］文徵明

"圣人"称号实至名归

孔子的"圣人"称号并非虚名。他提倡"礼",认为君王要有君王的样子,大臣要尽大臣的职责,每个人都应恪(kè)守本分,这样社会才会稳定。同时,他又提倡"仁",提出"有教无类"的教育理念,认为人人都享有接受教育的权利,这样的"圣人",怎能不受人爱戴呢?

孔子的经历有多坎坷?

为了实现自己的理想和抱负,孔子曾携弟子周游列国,但等待他的并不都是欢迎和支持,而是接连不断的挫折。孔子壮年时曾去过齐国,并得到了齐国国君的赏识,但因受到当时权臣的排挤,他最终无奈离开了齐国。十几年后,他好不容易在家乡鲁国做出点儿成绩,却又因触动当权者的利益,不得不再次离开。

孔子雕像

📺 课堂小链接

儒家经典并不只有《论语》,还有《大学》《中庸(yōng)》《孟子》,它们并称为"四书",是儒家学派的经典之作。

孔子周游列国雕塑

《左传》开辟了编年体史书的新篇章

中国古代第一部叙事完备的编年体史书——《左传》

为什么称为《左传》？

　　《左传》全名是《春秋左氏传》。在西汉时期，人们也称它为《左氏春秋》。这部书之所以被称为《左传》，是因为相传它是春秋时期鲁国的史官左丘明所作，用来解释和补充孔子编订的《春秋》一书。《左传》的时间跨度相当长，它记载了从鲁隐公元年（前722年）到鲁哀公二十七年（前468年）的历史，还有个别战国初年的史料。《左传》详细叙述了春秋时期鲁国在其12代国君统治下所发生的历史事件以及当时的社会状况，是中国古代第一部叙事完备的编年体史书。

开辟编年史的新篇章

　　提到编年史，那得先说说《左传》的"好兄弟"——《春秋》。《春秋》是我国现存最早的编年体史书。不过，因为它所记载的内容太过简单，往往只有历史事件的结果，没有过程，所以看它就像在看一堆新闻标题，人们很难了解事情的全貌。但《左传》就不一样了，为了尽可能把事情的因果讲得明明白白，它在记述史实时采用了多种叙事手法，比如倒叙、补叙等。难怪说《左传》开辟了编年体史书的新篇章。

只想知道标题，就看《春秋》，想了解详细内容，就要看《左传》了。

《春秋》和《左传》有啥区别？

成语故事大合集

我们现在使用的许多成语，都源自古代典籍。其中，由《左传》衍（yǎn）生出来的成语众多，有些成语甚至直接取自原文，如"一鼓作气""众叛亲离"等；有些则是对原文稍作"加工"后产生的，如"数典忘祖""毁家纾（shū）难"等；还有些是从故事中提炼出来的，如"爱鹤失众""退避三舍（shè）"等。这么看，《左传》还真像是一列满载成语的历史列车呢！

课堂小链接

编年体是一种历史记录方式，它以时间为顺序来编排史实，使我们能够按照事件发展的先后顺序来了解历史。它就像我们平时写的日记和周记，里面基本上会写明时间、地点以及当时所发生的事情。

始发：公元前722年

终点：公元前468年

一鼓作气 数典忘祖

众叛亲离 退避三舍

历史列车

左传

为什么屈原把自己的诗歌命名为《离骚》？

我要读《离骚》！　这名字好特别……

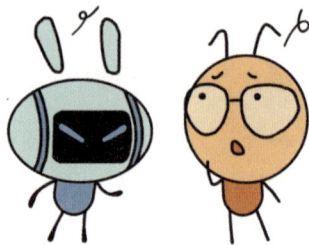

被辜负的热血男儿

大家都知道，在端午节吃粽子是为了纪念屈原。当年，屈原抱着石头跳入汨（mì）罗江中，这是多么悲壮的一个场景啊！他为什么要这么做呢？

屈原是战国时期的政治家、诗人，他非常热爱自己的祖国，一直尽心尽力地辅佐（zuǒ）着楚王。然而，楚王却听信小人的谗（chán）言，将他流放到了很远的地方。后来，楚国被攻破，屈原在极度悲痛之下，选择了以身殉（xùn）国。

极具个人特色的浪漫主义诗歌

不同于《诗经》的集体创作，《离骚》是我国文学史上第一部由个人独立创作的长篇诗歌，全诗共 2400 多字，分为前后两部分。在这部诗歌中，屈原运用大量关于"香草美人"的比喻来表现自己不愿与邪恶势力同流合污的高尚品德，抒发了自己的理想抱负，表达了自己宁死不屈的爱国心志。可以这么说，《离骚》是一篇极具个人特色的浪漫主义诗歌。

《离骚》之名的由来

《离骚》是我国古代篇幅最长的政治抒情诗，屈原在其中倾注了大量的个人情感。那么，为什么要将这首诗歌取名为《离骚》呢？虽然他本人没有解释，但后人根据他的遭遇，提出了两种猜测：一种说法是，将"离"译为"遭受"，将"骚"译为"忧患"，认为诗人意在表达自己遭受困苦磨难的心境；另一种说法是，将"离"译为"离开"，而"骚"仍是"忧患"的意思，认为诗人意在表达想要从痛苦中解脱出来的愿望。

东边不亮西边亮，是金子总会发光

虽然屈原在政坛上未能充分施展自己的抱负，但他创作的《离骚》《九歌》《天问》等作品却开创了中国浪漫主义文学的先河。因为《楚辞》收录了《离骚》，所以"楚辞体"又被称为"骚体"。《诗经》和《楚辞》又被并称为"风骚"。在屈原之后，很多文人创作的诗歌都或多或少带有"骚体"的影子，可见屈原的才华得到了后世的认可。

💡 你知道吗？

关于端午节的由来，其实说法不一，但流传最广的说法还是跟屈原之死有关。相传，在屈原投江后，百姓们都很悲痛，渔夫们划船寻找他的遗体，并向江中丢饭团和鸡蛋，希望鱼、虾、蟹吃饱后不要伤害他的遗体。后来，为了纪念这位爱国诗人，人们慢慢形成了在农历五月初五屈原投江这一天赛龙舟、吃粽子的习俗。

"世界第一兵书"——《孙子兵法》有多厉害？

你是怎么做到战无不胜的？

看《孙子兵法》啊!

孙武还是孙膑？有时分不清

大家都知道《孙子兵法》是孙子写的，可是当被问到孙子到底是孙武还是孙膑（bìn）时，有些人就答不上来了。其实，《孙子兵法》的真正作者是孙武，他出生于春秋时期的齐国，而孙膑是孙武的后人，他写的那部书叫《孙膑兵法》。虽然《孙子兵法》和《孙膑兵法》只差了一个字，但它们却是两部完全不同的书，你可千万不要记混了哦！

《孙子兵法》是我写的！

究竟谁是孙子呢？

《孙膑兵法》是我写的！

我这6000多字，完胜你几十万字。

浓缩即为精华

讲兵法的不止《孙子兵法》，但为什么它能获得"世界第一兵书"的美誉呢？《孙子兵法》全文只有6000多字，却分为了13篇，全面阐（chǎn）述了在不同条件下的作战方法，内容既有条理，又富有哲理。与国外动辄（zhé）几十万字的军事理论著作相比，《孙子兵法》充分体现了"其文略而意深"的特色，因此"世界第一兵书"的称号它当之无愧（kuì）。

《孙子兵法》真有这么神？

　　所谓"实践出真知"，要知道《孙子兵法》到底好不好用，还得看战场上的表现。据《史记》记载，孙武曾带着《孙子兵法》向吴王展示兵法理论，吴王觉得这部兵书写得很不错，也亲眼见识了孙武的军事才能，便任命他为将军。后来，孙武指挥三万吴军，打败了二十万楚军，从而一战成名。

《三十六计》是《孙子兵法》的大众普及版？

　　"三十六计，走为上计"，想必大家对这句话都不陌生吧？很多人都以为它出自《孙子兵法》，这可大错特错啦。其实，这句话出自《三十六计》。《三十六计》成书于明清时期，它是后人对前人军事思想的总结。全文通俗易懂，非常适合大众阅读。当然，这部书也参考了《孙子兵法》，比如"以逸待劳"这一计实际上最早就出自《孙子兵法·军争篇》。

💡 你知道吗？

　　东汉时期的权臣曹操非常看重《孙子兵法》。他不仅仔细研读这部兵书，还亲自给它作了详细的注解，并写了序。由此可见，《孙子兵法》在曹操心目中的地位是多么重要啊！

武圣孙子雕像

武聖孫子

汉代的农民都会写诗吗？

鱼戏莲叶东，
鱼戏莲叶西……

乐府——被解锁的新身份

我们的祖先可比我们想象的样子"时髦（máo）"得多。早在汉代，他们就已经正式设立了乐府——一个以采集各地民间诗歌和乐曲为主要任务的机构。汉武帝在位时，乐府得到了空前的发展，并留下了许多脍（kuài）炙（zhì）人口的作品。后来，"乐府"逐渐演化成了一种诗体，人们把汉代乐府所采集的诗歌以及后人仿写的作品都统称为"乐府"。

这首诗歌真好听！

是啊，赶紧记下来！

用"采风"作掩护的"民间调研组织"

作为朝廷机构，乐府自然要为朝廷服务。西汉初期，乐府主要负责提供皇帝在祭（jì）祀（sì）、宴会或出行时所需的音乐。后来，汉武帝为了解民情，便增加了对乐府的支持，派了很多人以"采风"的名义到民间收集歌谣，使乐府变成了一个搜集和反映民间情况的"民间调研组织"。

听到了吗？这是来自大地的歌声

为什么可以通过民歌了解民情呢？因为许多民歌都真实地反映了劳动人民的生活，它们有着很强的叙事性和强烈的感情色彩，仿佛是来自底层老百姓内心深处的呐喊。例如《妇病行》，描述的就是丈夫在妻子过世后独自抚养孩子的艰辛。有些民歌虽然并不是某一个百姓独立创作的，但每一句都体现了百姓的真实心境，说他们是"半个作者"也不为过。

我把民间疾苦唱给你听……

虽然很惨，可我也管不了那么多……

"无心插柳柳成荫"的典范

作为汉代乐府所采集的诗歌，其题材非常丰富，灵感大都源自现实生活，不仅描绘了底层人民的苦难，还讲述了婚姻和爱情，讨论了政治和生活。因此，《汉书》评价汉乐府是"感于哀乐，缘事而发"。汉乐府开启了中国现实主义诗歌的新纪元，对后代诗歌的发展产生了极为深远的影响。

💡 你知道吗？

汉乐府的发展不仅得益于汉武帝的推动，还有一个人也值得夸赞，他就是李延年。相传，李延年是汉武帝宠妃的哥哥，他能歌善舞，精通音律。在乐府供职时，他不仅组建了"童声合唱团"，还改编了许多民歌，堪称"全能型"音乐才子。

汉乐府

唐代文学

晚清文学

前辈好。

前辈好。

司马迁是怎样忍辱负重，写下"史家之绝唱"的？

司马迁也太惨了。

被鲁迅"点赞"的《史记》有多厉害？

《史记》是我国第一部纪传体通史，被鲁迅先生誉为"史家之绝唱，无韵之《离骚》"。

我们都知道鲁迅先生是中国现代文学的重要代表人物之一，能受到他盛赞的书自然也不简单。《史记》记录了自传说中的黄帝时代到汉武帝太初四年（前 101 年）共 3000 多年间的历史。这部史书不仅涵盖了历代帝王的政绩、诸侯国的兴衰、名人事迹、大事年表，还详细描述了当时的典章制度。整部作品带有浓厚的文学色彩。

承载了两代人的心愿

尽管现在《史记》广受赞誉，但司马迁在创作它时可谓历尽艰辛。早年，司马迁游历各地，收集了大量的历史资料。在他父亲去世后，司马迁接替了父亲太史令的职位，负责编纂（zuǎn）史书，掌管天象历法事务，并肩负起了完成父亲遗稿的重任。经过大约 14 年的努力，司马迁阅览了大量的文献，写了 52 万多字，才最终完成了这部旷世巨著。因为司马迁的太史令身份，《史记》最初也被称为《太史公书》。

司马迁完成《史记》之前有多艰难？

司马迁虽是一位文人，却不畏权势，非常正直，为此他还差点儿丢了性命。当时，朝中大将李陵在战败后率军投降了匈奴，汉武帝得知此事后十分愤怒，然而司马迁却认为事出有因，坚持为他辩护。汉武帝一气之下把司马迁丢进大狱，准备择日杀了他。为了留下性命继续写作，司马迁只能接受残酷的宫刑，身心受到极大的摧残。但即便如此，他也没有放弃，在出狱后仍坚持写完了《史记》。

被"雪藏"的那些年

《史记》并没有一"出道"就火遍全国，在司马迁的有生之年，这部呕（ǒu）心沥（lì）血之作没能给他带来任何荣誉。直到汉宣帝继位后，《史记》被当时的太史令给"挖"了出来，这部尘封20年之久的史学巨著才开始了"逆袭"之路。这么看来，不仅作者司马迁时运不济，《史记》也是命运多舛（chuǎn）啊。

📖 知识加油站

纪传体是我国传统史书的一种重要体裁，由《史记》首创，以大量的人物传记为中心，把记言和记事相结合，来叙述当时的史实。《史记》分为本纪、世家、列传、表和书五部分，其中本纪和列传是主体部分。许多后人在编写正史时都参照了这种编写体例。

为什么陶渊明动不动就辞官回家？

辞官回乡喽……

辞官，冲动还是不得已？

别看辞官听起来潇洒，其实陶渊明也是空有才华，却得不到施展。陶渊明生于东晋时期，不到 30 岁就进入官场，结果他发现，如果想在当时的官场有所作为，要么得有背景，要么得有财富，而他恰好两样都不占。他有一身抱负和才华，却要听从无德无能之辈的差遣。在这种无奈与压抑之下，陶渊明最终选择了辞官，毅然放弃了朝廷赐予的官职。

几进几出，他到底想干什么？

你们以为陶渊明一直都是这么洒脱？那可未必。出身官宦（huàn）之家的陶渊明，虽然在年幼时已家道中落，但他从小接受的仍是传统的儒家教育，对建功立业充满了渴望。可惜残酷的现实容不下他的理想，在万般纠结中，他在当官和退隐之间反复徘徊，经历了多次仕途和退隐，才最终彻底放弃仕途，归隐田园。

入仕还是归隐？

隐逸诗人之祖

官场失意，文坛得意

陶渊明的归隐生活，使得他的文学才华得到了进一步的彰显。在乡下，他亲自参与劳作，过上了种田、酿（niàng）酒的生活，真是自在惬意！丰富的田园生活给了他很多灵感。他的诗歌现存 120 多首，其中有描写劳动场景的，有表现生活情趣的，还有写朋友之间友情的。陶渊明也因此被誉为"隐逸（yì）诗人之宗""田园诗派鼻祖"。

干农活儿，也能影响中国文学？

你可别小看陶渊明边干农活儿边写出来的诗歌！这些以田园生活和田园风光为主题的诗歌，反映了田园的美好、农耕的艰辛以及诗人的高尚情操，对中国古典文学的发展产生了深远的影响。陶渊明开创了"田园诗"这一流派，此后田园诗以其作品为典范不断发展，到了唐朝，"山水田园诗派"已十分兴盛了。

💡 你知道吗？

除了诗歌，陶渊明还留下了一篇描写他心中理想社会的散文——《桃花源记》。《桃花源记》对中国古代的园林文化影响深远，皇家园林圆明园中就有一片按照《桃花源记》意境修建的景观，名为"武陵（líng）春色"。

大诗人李白到底有多豪放？

天大地大，我谁也不怕……

《上阳台帖》[唐]李白（此帖为李白所书自咏四言诗，也是其唯一传世的书法真迹。）

"豪放"一词的代言人

要问谁是中国人最熟悉的诗人，我猜你的回答应该是——李白。作为大唐最杰出的浪漫主义诗人，李白的诗歌豪迈大气、热情奔放，无论是《将（qiāng）进酒》中的"天生我材必有用，千金散尽还（huán）复来"，还是《蜀道难》中的"尔来四万八千岁，不与秦塞（sài）通人烟"，字字铿（kēng）锵（qiāng）有力，让人热血沸腾。

酷爱游山玩水的"背包客"

李白有两个身份：一个是"诗仙"，另一个是"游侠（xiá）"。他的大半生几乎都是在游历中度过的，就如他自己所说："五岳寻仙不辞远，一生好入名山游。"有人统计过李白的诗文，纵观其一生，他游历过 18 个地方（今省、自治区、直辖市），到访过 206 个州县，登过 80 多座山峰，游览过 60 多条河川和 20 多个湖潭。在饱览大好风光的同时，他也体会到了民间疾苦，因此在他的诗中，既有对祖国大好山河的热爱，又有对当权者的尖锐批判。

以山水为伴，好不快活！

李白也有"围城"的困惑

别人都羡慕李白能够活出自我，但这其实只是表面现象。为了能入朝为官、大展宏图，他也曾到处结交达官贵人，希望能得到他们的引荐。几经周折后，他终于成了唐玄宗的御（yù）用文人。然而，日子一长，他又觉得这样的生活没意思，整天饮酒作乐，甚至"惹是生非"。最终，唐玄宗听信小人谗（chán）言，将他"赐（cì）金放还"。

李白干过的最"不靠谱"的事

说起李白干过的让人瞠（chēng）目结舌的事，那可是一件接一件，不过，其中最令人感到不可思议的，莫过于"高力士脱靴"事件。相传，李白曾让最受唐玄宗宠信的内侍（shì）高力士给自己脱靴子。有人认为这是杜撰（zhuàn）的故事，毕竟这事做得也太没有分寸了，不过以李白的性格来看，他没准儿还真敢这么做。

《对月图》[南宋]马远（此图取材自李白的诗"举杯邀明月，对影成三人"。）

给我脱靴！

我是伺候皇上的人，现在竟然要伺候你……

为什么说杜甫是大唐最忧国忧民的诗人？

杜甫不会抑郁吧？

人生屡（lǚ）遭变故

在唐朝，能和李白齐名的诗人，非"诗圣"杜甫莫属。出生于官宦家庭的他，从小衣食无忧、饱读诗书，少年时又经常游山玩水，到处结交社会名流。然而，当他来到长安参加科举考试后，他的人生却急转直下，变得失意和困顿。安史之乱爆发后，杜甫带着全家老小到处躲避战祸，吃了不少苦。直到晚年，他的生活依然过得非常凄（qī）楚。人生屡遭变故，又目睹老百姓在战乱中饱受疾苦，难怪忧国忧民的杜甫会变得如此郁闷与忧虑。

诗中的历史

作为唐代伟大的现实主义诗人，杜甫大约有 1500 首诗歌被保留了下来。这些诗歌大都具有强烈的典型性、写实性和叙事性，展现出沉郁顿挫（cuò）的风格，真实地反映了唐朝由盛转衰的历史过程。因此，杜甫的诗歌又被称为"诗史"。

春望

兵車行

蜀相

郁闷至极的发泄

虽然安史之乱得以平定，但当时的社会依旧动荡不安，老百姓的生活仍然十分艰难。杜甫虽心里着急，却无力改变现状。与此同时，他的好友也相继离世，这让他苦闷的心情达到了顶点。在这种情况下，被誉（yù）为"七律之冠"的《登高》诞生了。这首诗在后来广为流传，每每读来都能让人深切体会到作者的忧国忧民之情。

诗坛挚友

杜甫一生交友广泛，与李白、高适等人的深厚友情，成为他诗歌中不可或缺的一部分。他们相互唱和，共抒胸臆，留下了许多传颂千古的佳话。其中，杜甫以《春日忆李白》深情追忆了与李白共度的美好时光；而李白则在《鲁郡东石门送杜二甫》中，以壮丽的自然景象为背景，抒发了对杜甫离别的不舍与对未来重逢的期盼。

风急天高猿啸哀，
渚清沙白鸟飞回。
无边落木萧萧下，
不尽长江滚滚来。
万里悲秋常作客，
百年多病独登台。
艰难苦恨繁霜鬓，
潦倒新停浊酒杯。

闻官军收
河南河北

登高

茅屋为秋
风所破歌

💡 你知道吗？

杜甫入蜀时，曾在成都修建了一处住所，并称其为"成都草堂""江外草堂"。后来，杜甫舍宅离去，浣（huàn）花夫人搬来此处居住，因此这里又被人称作"浣花草堂"。杜甫虽然只在草堂住了不到4年的时间，却创作了240多首诗歌。如今，这里已经成了著名的旅游景点——"杜甫草堂"，每年都有许多游客前来追思这位伟大的"诗圣"。

"诗魔"白居易到底有多疯狂？

别人笑我太疯癫，
我笑他人看不穿！

中唐时期的高产诗人

　　唐朝的诗人众多，又有"李杜"这样的大家坐镇，想要在这样的环境中脱颖而出，并不是一件容易的事——不过还好，白居易做到了。白居易生于中唐时期，他一生写了3800多首诗，这个"产量"相当惊人，足以见得他有多痴迷于写诗，难怪人们把他称为"诗魔"。

读读读，
抄抄抄，
写写写！

明明能靠天赋（fù）"吃饭"，
可他偏偏比普通人还刻苦！

刻苦努力的典范

　　白居易天赋极高，据说三岁就能识字，五岁便能写诗。虽说可以靠天赋"吃饭"，但他偏偏比普通人还要刻苦。他每天都会朗读和抄写诗文，久而久之，舌头因长时间诵读而生疮（chuāng），手指也因频繁书写而长出茧（jiǎn）子。即便在"退休"之后，他也没闲着，整日以酒会友，吟诗作对，甚至自嘲"酒狂又引诗魔发，日午悲吟到日西"，真是爱诗爱到痴狂呀！

这可是我的成名作！

赋得古原草送别
高高原上草……

"神童"也有"神运"

从某些方面来讲，白居易要比李白和杜甫幸运得多。他出身于官宦世家，从小就接受了良好的教育，十几岁就能写出"野火烧不尽，春风吹又生"这样精彩的诗句。考中进士后，他又一路平步青云，受到皇帝的重用，当上了大官。白居易虽然也经历过政治斗争，在官场浮浮沉沉，但最终能够顺利"退休"，过上了不错的晚年生活。他这一辈子也算是善始善终吧！

与酒相伴的"醉吟先生"

当白居易意识到自己的政治理想难以实现时，他选择独善其身，并将日子过得有滋有味。他对美食情有独钟，曾多次在诗歌里写自己吃了什么，比如《舟行》中的"炊稻烹（pēng）红鲤"。他喜欢喝酒，自号"醉吟先生"，他清晨饮酒的习惯引得其他文人纷纷效仿。他还喜欢酿酒，自夸"酒库不曾空"，并把酿酒的技术和心得体会都当成写诗的素材。

酒库不曾空 此翁何处当

📖 知识加油站

唐诗的发展大致可分为四个阶段：初唐、盛唐、中唐和晚唐。通常来说，初唐指的是从唐高祖武德元年（618 年）到唐玄宗开元元年（713 年）；盛唐指的是从唐玄宗开元元年到唐代宗大历元年（766 年）；中唐指的是从唐代宗大历元年到唐文宗大和九年（835 年）；晚唐指的是从唐文宗大和九年到唐朝灭亡（907 年）。

唐宋八大家的 "跨时空" 聚会

韩愈

唐代诗人，集文学家、思想家、政治家于一身，是唐代"古文运动"的主要发起人，位列"唐宋八大家"之首，世称"昌黎先生"。

柳宗元

和韩愈一样生活在唐朝，二人亦师亦友，关系颇深。他曾写过《永州八记》等600多篇诗文作品，世称"河东先生"。

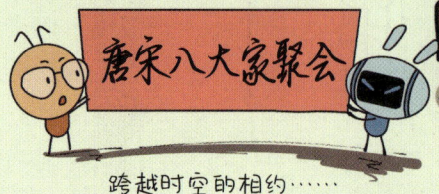

唐宋八大家聚会

跨越时空的相约……

我跟你谈谈关于天的道理吧……

你是有感而发吧？

韩愈

柳宗元

欧阳修

北宋政治家、文学家，宋代文学新文风的开创者之一，著有《醉翁亭记》等文章，晚年号"六一居士"。

💡 你知道吗?

生于不同朝代的八大文人是怎么"聚"在一起的呢？原来，到了明朝初年，有一个名叫朱右的史学家，根据唐宋时期诸多名家的散文成就，最先提出了"唐宋八大家"这一说法。后来，又经过多个学者的进一步研究和排定，"唐宋八大家"这一称谓这才正式确立下来。

我的《水调歌头》被改编成了歌，还挺好听。

苏轼

北宋文学家、书画家，宋词豪放派的代表人物之一，世称"苏东坡"，代表作《水调（diào）歌头·明月几时有》。

我不想一辈子都活在我哥的光环里……

苏辙

北宋文学家，曾任尚书右丞，相当于宰相，是苏轼的弟弟，虽然没有哥哥苏轼名气大，但也很有才华，著有《诗集传》《春秋集解》等。

变法太累了，还是跟兄弟们待在一起更舒坦。

王安石

北宋思想家、文学家、政治家，著有《泊船瓜洲》《伤仲永》等诗文作品，被公认为"临川文学"的代表作家之一。

儿啊，为父也有类似烦恼！

苏洵

北宋文学家，苏轼和苏辙（zhé）的父亲，以散文著称，著有《嘉（jiā）祐（yòu）集》等。苏洵（xún）、苏轼、苏辙父子三人皆擅长文章，因而世人将父子三人合称为"三苏"。

曾巩

北宋政治家、散文家，"新古文运动"的积极参与者，世称"南风先生"，著有《道山亭记》等散文。

最近你棋艺见长啊！

和老师比差远了……

"千古词帝"李煜有多憋屈?

嘿，这皇位我不要了！

被皇位耽误的"文艺青年"

能在历史上留名千古的词人，有一位身份最为特别，那就是"南唐后主"——李煜（yù）。他是南唐的最后一位皇帝，在位的 15 年间，他虽然没能取得辉煌的政治成就，但却留下了许多语言优美、意境深远的词作，还被后人赞誉为"千古词帝"。

等我写完这首词……

您该上朝了！

人生短暂，词风多变

李煜只活了短短的 42 年。早年作为皇子的他过着锦（jǐn）衣玉食的生活，没什么烦恼，因此这一时期他的词风比较欢快。"被迫"继承皇位后，随着原配妻子、次子的相继离世，以及国家的日益衰败，他的词风变得凄凉而伤感。随着国破家亡，李煜也被囚禁，受尽屈辱。悲愤的他写下多篇词作，字里行间都流露出对国破家亡的悔恨与悲伤，为我们留下了《浪淘沙令》《相见欢》等佳作。

我这个皇帝当得憋屈啊！

曾为强国努力过

李煜继位前，南唐就已经开始走向衰落，皇位就像一个"烫手山芋（yù）"，谁拿到都头疼。李煜也曾努力过，想要把国家治理好，他采取了一系列强国政策，硬生生地把南唐的"寿命"延长了15年，无奈南唐的"底子"实在太差，最终还是被北宋攻陷，李煜也成了亡国之君。

因为热爱，所以丢了性命？

国家灭亡之后，写词便成为李煜的精神寄托。公元978年，当时正值"七夕"，又是李煜的生日，他便举办了一场小规模的宴会。为了助兴，乐工演唱了他写的《虞（yú）美人》，"问君能有几多愁，恰似一江春水向东流"，歌声中充满了哀怨之情。这个消息传到了宋太宗的耳朵里，他认为李煜这是在表达不满，一气之下便赐了他一壶毒酒。因为一首词而丢了性命，李煜这一生是不是充满了戏剧性呢？

问君能有几多愁，恰似一江春水向东流。

我的词，要了我的命……

毒

💡 你知道吗？

南唐和唐朝并没有直接关系哦！唐朝灭亡后，当时存在很多地方割据政权，如前蜀、后蜀、南吴等，统称为"十国"。南唐就是这一时期在江南建立的一个政权。

35

不走寻常路的 "千古第一才女"

李清照活得太潇洒了……

才貌双全的奇女子

在封建社会，女性想要在文坛占有一席之地，其难度堪比登天。然而，美貌与才气并存的北宋女词人李清照却成功做到了这一点。李清照是婉约派的代表人物，她独创的"易安体"对后世文学产生了深远的影响，就连南宋词人辛弃疾都曾经模仿过这种词风。

我要活出自我来……

轰轰烈烈的独特人生

李清照的父亲是苏轼的学生李格非，母亲也出身于书香门第，在这样的家庭背景下成长起来的李清照，受到了良好的教育。李清照生性自由洒脱，早年曾写了一篇《词论》，批评了当时许多著名的词人，包括欧阳修和苏轼。此外，她还有饮酒、打马球的习惯，甚至在婚后还会给远行的丈夫写"情书"。中年时，她曾在丈夫去世后再嫁，又为了离婚而遭受牢狱之灾，这样独特的经历在封建社会是十分罕见的。

《如梦令·昨夜雨疏风骤》

《夏日绝句》

《声声慢·寻寻觅觅》

《武陵春·春晚》

太多了，到底是哪个呢？

李清照的代表作是啥？

"千古第一才女"

李清照在文学史上的地位非常高，后人尊称她称为"千古第一才女"。她的诗词风格多变，刚柔并济，在不同的环境中展现出不同的风格，十分有感染力。年少时，她无忧无虑，留下了"常记溪亭日暮，沉醉不知归路"的欢愉之情；国破家亡之际，她则展现出"生当作人杰，死亦为鬼雄"的豪情壮志；思念亡夫时，她又以"寻寻觅觅，冷冷清清，凄凄惨惨戚（qī）戚"表达了深沉的哀怨。看到这些诗词，你有没有受到触动呢？

自我解放之路

李清照是一位独立又清醒的女性，她敢于挑战封建礼教的束缚。在第一任丈夫赵明诚去世后，她顶着各种闲言碎语改了嫁。然而，她很快发现第二任丈夫张汝舟是个伪（wěi）君子，于是她毅然决定离婚，并向官府揭露了他的罪行。在宋朝，妻子状告丈夫是极为罕见且风险极高的行为，很可能因此入狱。但李清照为了自由和正义，坚定地走上了这条路，并最终重新获得了自由。

姓名：李清照
性别：女
入狱理由：起诉离婚

💡 你知道吗？

《如梦令·昨夜雨疏风骤》是李清照的早期词作，虽然这首词篇幅短小，但含蓄蕴藉，意味深长。据说这首作品一出，当时汴（biàn）京的很多文人都忍不住"击节叹赏"。我们来一起欣赏下吧！

如梦令

昨夜雨疏风骤，浓睡不消残酒。
试问卷帘人，却道海棠依旧。
知否，知否？应是绿肥红瘦。

宋词原来是歌词？

什么？宋词是歌词？

晏几道

李清照

周邦彦

辛弃疾

秦观

最佳

现代歌曲的"御用词库"

大家都喜欢听歌吧？听歌能让人心情舒畅，还能让人在疲惫的时候得到放松。"知否，知否？应是绿肥红瘦。""明月几时有？把酒问青天。"……你熟悉这些歌词吗？其实，它们都出自宋词哦。借鉴宋词的歌词并不鲜见，现在很多古风歌曲的歌词中都有宋词的影子。

宝藏般的宋词

宋词本就是一种为演唱而生的文体。为了符合音乐的节奏，它的句式长短不一，并严格遵守音韵格律，因此读起来朗朗上口。自宋代起，宋词就多次被其他的艺术形式借鉴，比如鼓子词、诸宫调、杂剧、散曲等。

数不胜数的词牌

宋词是站在前代诗歌"肩膀"上的一种文学体裁，其特点之一就是每首词都有一个词牌。那么，词牌是什么呢？简单来说，词牌就是填词用的曲调名，而不同的词牌有不同的规定格式。你知道吗？《全宋词》中记录了 1000 多种词牌呢！一开始，作者一般会依据词的内容去选择合适的词牌。但到了后来，词不再配合音乐歌唱，词牌与词的内容之间的联系也就慢慢减少了。

词作者

晏殊

柳永

欧阳修

苏轼

两宋的词区别有多大

虽然北宋和南宋的词都被叫作宋词，但它们之间的差别还是挺大的。北宋时期，国家比较安定，百姓生活富庶，这时候的宋词意境洒脱、自然真实。而到了南宋时期，山河破碎，战火连绵，词人对国家与自身的命运都充满了担忧，在情感表达上往往变得更为谨慎和含蓄。

📖 知识加油站

宋词数量庞大，《全宋词》就收录了 1300 多位词人的两万余首宋词。宋词主要分为两大"门派"：以苏轼、辛弃疾为代表的豪放派和以柳永、李清照为代表的婉约派。

元代最接地气的 剧作家——关汉卿

我最喜欢看戏……

中华五千年的"一枝独秀"

提到戏剧，或许有人会说："只有老年人才喜欢看戏剧，我们小孩子可不感兴趣。"然而，这种看法过于片面。事实上，皮影戏、木偶戏也属于戏剧，你是不是很喜欢看呢？

中国的戏剧艺术源远流长，早在商周时期就已初具雏（chú）形，发展到今天已有了多种多样的形式，在这个过程中，也出现了许多杰出的剧作家，关汉卿就是最有名的剧作家之一。

元代最接地气的剧作家

关汉卿戏剧创作七百年

关汉卿的实力有多强？

关汉卿一生写了60多部杂剧，在当时就非常有名气，还被元代文人熊梦祥赞誉为"一时之冠"。他的代表作《窦（dòu）娥（é）冤》名列元杂剧四大悲剧之一，观众看后常常痛哭流涕，其中"六月飞雪"的情节更是广为流传。同时，他对喜剧也很拿手，比如《救风尘》讲的就是两个女子智斗坏人的故事，深受当时老百姓的喜爱。

"副业"也能闯出一片天

据《录鬼簿 (bù)》记载，关汉卿原本是太医院的一名医者。如此看来，写杂剧很可能只是他的"副业"。然而，正是这份"副业"让关汉卿在中国文学史上留下了浓墨重彩的一笔。关汉卿痛恨战争和统治阶级的无情，同情受苦受难的百姓，所以他的作品大多从老百姓的角度出发，诉说他们的遭遇和感情。这样能引起百姓共鸣的作品，怎么可能不受欢迎呢？

最后一个座位了，谁抢到算谁的！

窦娥冤

我要！我要！我要！

我要！我要！我要！

太火了，一票难求啊！

接地气的中国文学

元杂剧通常采用通俗易懂的白话文，里面很少用到文绉 (zhōu) 绉的词。如果说前人所写的诗词歌赋可以被归类于"雅文学"，那元杂剧无疑是"俗文学"。当然，也会有人认为元杂剧拉低了中国文学的艺术水平，显然这种说法是不对的。正是因为有元杂剧，才可以让许多没有受过教育的老百姓有了解艺术、感受艺术的机会，从而使中国文学变得更接地气、更有生命力了。

💡 你知道吗？

"元曲四大家"是元代四位杰出的杂剧作家的合称，一般是指关汉卿、白朴、郑光祖和马致远四人。他们代表了元代杂剧创作的最高成就。

古代四大名著里藏着多少秘密？

这里面秘密太多了……

被全方位曝光的"大明星们"

说到中国古典长篇小说四大名著——《三国演义》《水浒（hǔ）传》《西游记》《红楼梦》，你也许对里面的内容有所了解。但你知道吗？在这些精彩故事的背后，还隐藏很多更深刻的道理呢！快来看看吧！

四大名著暗藏哪些道理？

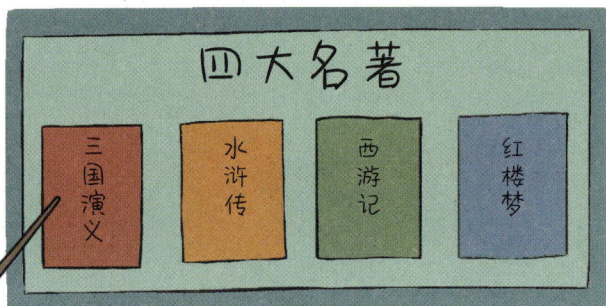

四大名著

三国演义　水浒传　西游记　红楼梦

《三国演义》：英雄云集的奇书

《三国演义》塑造了大家熟悉的诸葛亮、刘备、曹操、孙权、关羽、张飞等英雄人物的形象。这部小说将三国时期的争霸（bà）斗争描绘得波澜（lán）壮阔，其故事情节丰富，人物性格鲜明，每个角色身上都有"闪光点"，难怪它能位居"明代四大奇书"之首。这部小说还给我们揭示了一个很重要的信息：团队合作，比单打独斗更容易成功。

《水浒传》：江湖故事中的大道理

提到《水浒传》，大家几乎都能想到"梁山好汉"。在这部小说中，"武松打虎""鲁智深拳打镇关西"等故事展现了江湖儿女的豪迈与侠义。不过，《水浒传》可不仅仅局限于这些故事，它还真实反映了当时社会的各种矛盾，写出了农民起义的兴衰历程，并告诉我们一个道理：忍耐是有限度的，一味退让只会让自己陷入更大的困境中。

《西游记》：打的不只是妖怪

在四大名著中，《西游记》深受人们的喜爱。孙悟空打妖怪的样子太帅了！但这部书可不仅仅讲了降妖伏魔（mó）的故事哦，那些妖怪也暗喻了人生路上的各种困难和挑战。在故事最后，师徒四人克服重重困难，成功取得真经，这也告诉了我们：只有勇于拼搏和奋斗，才能实现人生理想。等你长大后再读《西游记》时，一定会有不同的体会和感受。

就算我有通天的本领，也扶不起阿斗啊！

李逵（kuí）也能打虎，但他的名气没我的大！

俺老孙来也！

其实我曾是天上的神读侍者……

《红楼梦》：家族兴衰故事中隐藏的社会批判

《红楼梦》是四大名著中最少被改编成儿童作品的一部，你知道这是为什么吗？因为很多人觉得这部小说讲的是爱情故事，不适合孩子阅读。其实，这种看法是片面的，《红楼梦》中的人物关系复杂，情节曲折，其背后所展现的家族兴衰和人生百态，处处影射着封建专制社会即将走向衰亡的历史趋势。

💡 你知道吗？

《红楼梦》原名《石头记》，直到乾隆五十六年（1791年）首次被程伟元和高鹗印行时，才更名为《红楼梦》。《红楼梦》全书共计一百二十回，其中前八十回为清代大作家曹雪芹所著，而后四十回则普遍被认为是由高鹗所续。

什么是古希腊神话？

啊，我是宇宙之神！

古希腊神话讲的是什么？

你听说过普罗米修斯盗取火种、潘多拉魔盒、金苹果之争的故事吗？这些都来自古老的希腊神话。作为西方文明的源头之一，希腊神话包含了古希腊民族关于神和英雄的传说和故事。它以想象中的奥林匹斯山上的众神之王宙斯和其他男女诸神为主要族系，赋予他们人的形体和性格，从而创造出一个现实生活与幻想交织在一起的包罗万象的神话世界。

哇，众神之王，果然好威武啊！

天上的"人间世界"？

在古希腊神话世界里，希腊东北部的奥林匹斯山上住着众神之王宙斯、天后赫拉、智慧女神雅典娜以及其他神灵，如战神、农神、火神、酒神、爱与美之神，甚至小偷之神。大家各司其职，共同维系神界和人间的运转。

古希腊神话不仅讲述了诸神的诞生、人类的起源、英雄的冒险等，还包括王位之争、最美女神之争、城邦命名权之争……就连作为众神之王的宙斯，在处理家务这件事上也会像凡人一样感到头疼。

宙斯雕像

等等我！

快跑，灾难就要来了……

为什么古希腊会产生神话?

古希腊时期，人们还无法理解天上为什么会电闪雷鸣，庄稼为什么会成熟，月亮为什么会有阴晴圆缺……于是，他们幻想出能掌控世间万物的神明，神话的雏（chú）形也由此产生。而统治者们也利用人们对大自然的崇敬与畏惧，不断宣传神明的存在与威力，甚至称自己是神明的使者或者后代，以此来拥有凌驾于普通人之上的特权。

古希腊神话对西方文学的影响

在古希腊神话里，每一个神明或英雄都有着十分鲜明的性格，他们有的爱发脾气，有的爱美，有的机智过人，有的嫉妒心很强，有的总自以为是……当然，神话里面也少不了反派，比如潘多拉没有听从劝告，在强烈的好奇心驱使下打开了魔盒，给人类带来了种种灾难。这些形形色色的人物对西方文学产生了深远的影响，莎士比亚、荷马、歌德等著名文学家都从中汲（jí）取了创作灵感。

贪婪

讲谤

痛苦

嫉妒

虚伪

💡 你知道吗?

有些英语单词就源自古希腊神话。比如，在现代英语中意为"巨人"的"titan"一词就源于神话中古老的泰坦巨人族；表示"混乱"的英语单词"chaos"就源于神话中最早诞生的神明卡俄斯……

潘多拉魔盒

为什么《荷马史诗》被称为古希腊最伟大的著作之一?

荷马: 是一个人, 还是许多人?

荷马到底是谁? 是一个人, 还是许多人? 即使到了今天, 人们也仍在为此争吵不休。关于《荷马史诗》的作者, 历史上留下的信息极少, 可以说是"只闻其名, 不见其人"。有人认为, 荷马是一位失明的行吟诗人, 他一边四处吟唱, 一边搜集诗歌, 最终完成了这部宏伟的史诗。也有人说, 不止一人参与了这部作品的创作, 只是最后由一个名为荷马的人进行了整理或汇编, 所以才有了"荷马史诗"这个名字。但是, 无论荷马是谁, 都不影响这部巨著在古希腊文学史上闪闪发光。

是荷马, 不是河马

公元前 12 世纪末, 古希腊人与特洛伊人之间爆发了一场大战, 战争持续了十年, 以古希腊人胜利而告终。这场"特洛伊之战"流传出很多歌颂英雄事迹的诗歌, 这些诗歌经过整理、完善情节和统一风格之后, 就诞生了《荷马史诗》。记住, 是荷马, 不是河马哦!

《荷马史诗》讲了什么？

《荷马史诗》分为《伊利亚特》和《奥德赛》两部分。

《伊利亚特》讲述的是特洛伊战争时期，海洋女神之子阿喀（kā）琉（liú）斯为了替好友报仇，最终打败敌方主将赫克托尔的故事。

《奥德赛》讲述的是特洛伊战争结束后，英雄奥德修斯带着船队历经千辛万苦，最终重返家园与家人团聚的故事。

奥德修斯和忠犬阿尔戈斯雕像

"特洛伊木马"竟是一个计谋？

"特洛伊木马"是《荷马史诗》中描述的一个著名计谋。在希腊联军久攻特洛伊不下的情况下，他们设计了一个巧妙的计策：假装撤退，并留下一具外表精美、内部中空的巨大木马，其腹中隐藏着全副武装的希腊士兵。特洛伊的守军不知是计，将木马视为战利品运回城中。到了夜深人静之时，藏于木马中的士兵悄悄出来，与埋伏在城外的希腊援军里应外合，一举攻下了特洛伊城，结束了长达十年的战争。后人常用"特洛伊木马"这一典故，来比喻在敌方内部暗中安插伏兵，以便内外夹击的策略。

📖 知识加油站

体裁、篇幅与《荷马史诗》相类似的还有两大印度史诗，即《摩诃婆罗多》和《罗摩衍（yǎn）那》。它们都属于印度古代梵（fàn）文叙事诗，包含丰富的民间传说、神话故事、寓言等，对后世的印度文学产生了深远的影响。

但丁的《神曲》有多伟大？

《神曲》是什么意思？   就是神圣的喜剧！

从"喜剧"到"神圣的喜剧"

你知道吗？意大利诗人但丁创作的伟大诗歌《神曲》，最初有一个低调而朴素的名字——"喜剧"。后来，在意大利作家薄伽（jiā）丘为但丁撰写传记时，出于对但丁的崇敬之情，便把这部作品的名字改为了"神圣的喜剧"。而我们今天熟知的这个书名——《神曲》，实际上源于其最早的中译名"神曲一脔（luán）"。

梦中的游历

《神曲》是一部叙事类长诗，全诗共有 14000 余行，由《地狱》《炼狱》《天堂》三个部分组成。它以幻游文学的形式和隐喻象征的手法，讲述了但丁自己在梦中游历"地狱""炼狱"，最后到达"天堂"的故事。但丁通过对不同幻境和众多著名人物的描写，广泛地反映了 14 世纪意大利的社会生活，并揭露了当时的社会黑暗。

《神曲》里的"地狱""炼狱""天堂"

但丁目睹当时社会的堕落和不堪，他无法找到让人类回归正义的道路，于是便借助"地狱""炼狱""天堂"的震撼力，来引导人们积极向上、为善去恶，激励人们追求真理，回归正途。

深刻的隐喻

《神曲》充满各种隐喻，比如，黑森林象征着欧洲中世纪时期政局的黑暗，狮子象征着残暴的封建统治者，豹子象征着贪图享乐和贪婪的政治野心家等。

终身流放的悲惨命运

但丁在37岁时由于政治原因被迫终身流放，直到去世也没能返回故乡。而《神曲》正是在他流放期间创作的，直到他去世前不久，作品才得以完成。遗憾的是，但丁没能看见自己的诗作被正式出版成书。据说，在他去世之后，他的两个儿子才将他的手稿整理出版。

但丁——意大利的骄傲

但丁不仅擅长写诗，还精通绘画、音乐、哲学和天文地理，并且热衷于参加社会活动。他创作的《神曲》跨越700多年，直到今天仍然被视作意大利文学史上的一颗明珠，但丁也公认为意大利文学史上最伟大的诗人之一。

意大利将2020年3月25日定为首个"但丁日"，这足以证明但丁在人们心目中的地位有多崇高。

为什么《堂吉诃德》让人笑着翻开、哭着合上?

哈哈哈

堂吉诃德笑死我啦!

看完我好想哭……

荒唐的"骑士梦"

提到《堂吉诃 (hē) 德》,你可能立刻会想到此书的主人公——那个手持长矛、骑着马的瘦老头儿。堂吉诃德是一个落魄贵族,因为看骑士小说入迷,也想当一名行侠仗义的骑士,结果闹出了一系列荒唐可笑的事情。比如,他把旋转的风车当成敌人去搏杀,把羊群当成军队去战斗,把抬着圣母像的人当成抢劫美女的强盗……虽然堂吉诃德是善良的,但他做事不切实际,只会一味地沉浸在自己的幻想当中,所以他总会把好事变成坏事,做出荒诞 (dàn) 搞笑的举动。

笑着翻开、哭着合上的小说

堂吉诃德是个性格非常矛盾的人,他既勇敢、执着、乐观,又愚蠢、盲目、自大。一方面,他从不在意别人的眼光,努力克服各种困难,一直坚守自己的信念;另一方面,他又沉浸在自己的幻想当中,给别人造成了许多困扰。不过,正是这种强烈的反差才突显了堂吉诃德的魅力,让人既嘲笑他的愚蠢行为,又可怜他的不幸遭遇。难怪有人称《堂吉诃德》是一部"笑着翻开、哭着合上"的小说。

塞万提斯千回百转的人生

《堂吉诃德》的作者、伟大的西班牙作家塞万提斯，拥有一段堪比小说般曲折的人生经历。他早年曾参加过海外战争，不幸失去了左手，之后在回国路上又遇见海盗，被卖到阿尔及尔当了5年的奴隶。等他好不容易重获自由，又被人诬（wū）陷而进了监狱……

尽管塞万提斯的生活并不如意，但他还是坚持写完了《堂吉诃德》。这部小说一经问世便大受欢迎，而塞万提斯得到的稿酬并不多，直到去世，他也没能摆脱贫困。

"塞万提斯的语言"

文艺复兴时期，欧洲流行的骑士小说大多内容相似，没什么新意。塞万提斯另辟蹊（xī）径，塑造了堂吉诃德这样一个滑稽（jī）的骑士形象，通过喜剧来反映当时西班牙的社会生活。因为塞万提斯对西班牙文学乃至世界文学都有着重要的影响，所以人们常用"塞万提斯的语言"来指代西班牙语。

［西班牙］塞万提斯

💡 你知道吗？

骑士是中世纪欧洲封建主阶级中的一个阶层，同时也是14世纪以前重要的军事力量。他们通常需要以服兵役作为条件来获得上层贵族赐予的封地。

莎士比亚为什么被称为"伟大的戏剧天才"？

怎么没人夸赞我？

你是伟大的表演天才！

戏剧界的"泰斗"

说到戏剧，就不得不提文艺复兴时期的英国诗人、欧洲戏剧界的"泰斗"——威廉·莎士比亚。他一生中创作了很多作品，现存剧本多达 37 部，其中《罗密欧与朱丽叶》《哈姆雷特》《仲夏夜之梦》《威尼斯商人》《暴风雨》等都是享誉世界的经典之作，即使在今天，这些作品也经常被搬上舞台。著名的思想家马克思曾赞誉他是"人类最伟大的戏剧天才"。

从打杂、演戏到写剧本

1564 年，莎士比亚出生在英国一个富裕的商人家庭，但在他少年时家道中落，他不得不从中学辍（chuò）学开始谋生。后来，莎士比亚离开家乡，孤身一人去伦敦闯荡，在一家剧院工作。起初，他的主要工作是打杂和演戏，只有闲暇时才能尝试剧本创作。然而，他的创作天赋很快就显现出来，自 1590 年起，几乎每年都会有莎士比亚的新作在伦敦上演，赢得了广泛的赞誉与关注。

仲夏夜之梦

莎士比亚的卓越之处

在创作生涯中，莎士比亚以其卓越的才华编写了许多曲折离奇的故事，写下了许多掷（zhì）地有声的对白，塑造了各种性格鲜明的人物，探索出了新的戏剧结构，对欧洲文学和戏剧的发展都产生了深远而重大的影响。

莎士比亚的"四大喜剧"与"四大悲剧"

莎士比亚的"四大喜剧"包括《威尼斯商人》《仲夏夜之梦》《皆大欢喜》《第十二夜》，它们是莎士比亚的早期作品。当时的英国正处于政权稳固、社会安定的时期，因此这些故事虽有波折，但结局多是圆满的。

莎士比亚的"四大悲剧"包括《哈姆雷特》《奥赛罗》《李尔王》《麦克白》，它们是莎士比亚的中期作品。当时正值 16 世纪末至 17 世纪初，英国政权不稳、经济状况恶化，百姓生活在水深火热之中，因此这一时期莎士比亚的作品充满了阴郁和悲愤。

听说我在一千个人眼里，有一千个样子！

罗密欧与朱丽叶

这就是莎士比亚的"四大悲剧"啊！

哈姆雷特

奥赛罗

李尔王

麦克白

这就是莎士比亚的"四大喜剧"！

威尼斯商人

仲夏夜之梦

皆大欢喜

第十二夜

💡 你知道吗？

法国作家雨果是这样评价莎士比亚的："这种天才的降临，使得艺术、科学、哲学或者整个社会焕然一新。他的光辉照耀着全人类，从时代的这一个尽头到那一个尽头。"对了，雨果可是被誉为是"法兰西的莎士比亚"哦！

为什么莫里哀被称为 "法兰西喜剧之父"？

谢谢，"我"更喜欢"跑江湖"！

莫里哀出生在法国巴黎一个富有的宫廷装饰商家庭。身为皇帝侍（shì）从的父亲一直希望莫里哀可以继承家业，或者成为一名律师。可是，莫里哀更喜欢演戏，于是他毅然放弃了世袭的权力和头衔。中学毕业后，他和朋友组建了一个剧团，可惜由于缺乏资金，这个剧团维持了短短几年便被迫解散了。莫里哀开始跟着流浪艺人四处"跑江湖"。这些经历使得莫里哀既对贵族阶层的生活有所了解，又对底层社会老百姓的生活有了亲身体验，为他后来的喜剧创作提供了丰富的素材。

你是不知道"跑江湖"有多有趣……

子承父业有什么不好？

我不做演员好多年了……以后叫我大编剧！

签个名吧！

签个名吧！

签个名吧！

签个名吧！

喜剧只是为逗人发笑吗？

对自己的人生有独特见解的莫里哀，当然不会只满足于当演员。在随着流浪艺人四处演出的同时，他也开始尝试创作自己的剧本。莫里哀琢磨：全世界的喜剧都在绞尽脑汁逗观众笑，自己的剧本想要脱颖而出，除了逗乐，还应该展现真实的生活，塑造具有象征意义的人物，让观众笑过之后，最好还能受到一些启发。就这样，他接连创作了多部引起较大社会反响的戏剧，而且受到大众欢迎。喜剧再也不是令人笑一笑这么简单了。

如有雷同，纯属巧合

（气泡）我怎么觉得莫里哀在讽刺我！

（牌子）如有雷同纯属巧合

莫里哀一生中创作了三十余部喜剧，他用文字针砭（biān）时弊（bì），对虚伪的上层社会进行了辛辣的嘲讽，比如《伪君子》《唐璜（huáng）》《吝（lìn）啬（sè）鬼》《可笑的女才子》《太太学堂》《无病呻吟》《冒失鬼》等。

可能因为剧中这些人物的身上没贴"如有雷同，纯属巧合"的标签，所以难免让当时的一些观众对号入座，心虚地认为莫里哀嘲讽的就是自己。虽然莫里哀的很多喜剧都遭受过抨击和禁演，但他依然坚持自我，细腻地描绘着当时法国社会的真实面貌。

"莫里哀的语言"

如果一个法国人说"我的母语是莫里哀的语言"，别奇怪，他的意思是"我的母语是法语"。他为什么会这么说呢？原来，莫里哀的作品写得实在是太出色了，它们不仅受到法国人的喜爱，也得到了全世界的认可。可以说，莫里哀是法国人最引以为豪的文学家之一。因此，他们常常将法语称为"莫里哀的语言"。

（气泡）我的母语是莫里哀的语言。

（气泡）我头一次听说有"莫里哀国"。

💡 你知道吗？

作为"法兰西喜剧之父"，莫里哀终其一生都没能成为法兰西学院的院士，这对他来说或多或少有些遗憾。不过，今天的法兰西学院大厅的一尊雕像底座上写着这样一句话——"他的光荣什么也不少，我们的光荣却少了他。"这似乎已经证明了莫里哀在人们心中的崇高地位。

（书籍封面）吝啬鬼　伪君子　唐璜　太太学堂　可笑的女才子

歌德花了 60 多年才写成《浮士德》？

他是不是有拖延症？

出名要趁早！

少年维特之烦恼

少年歌德的"人生导师"

歌德成名比较早，年仅 25 岁，他便凭借《少年维特之烦恼》在德国文坛一举成名。而这背后，还要感谢他的"人生导师"——著名学者赫尔德。1770 年，21 岁的歌德在斯特拉斯堡结识了一位学识渊博的年轻人——赫尔德。虽然他只比歌德年长 5 岁，但歌德却十分崇拜他，并从他那里习得了丰富的文学知识。

一部作品要写 60 多年，需要多大的毅力啊！

耗尽毕生心血的"大制作"

虽然歌德年少成名，但他却并没有因此而自满，这部耗费他 60 多年时间完成的《浮士德》便是最好的证明。《浮士德》是一部充满哲理和人生智慧的诗剧，全书分为两部，用长达 12000 余行的诗句，讲述了主人公浮士德为了寻求人生的意义，在魔鬼梅菲斯特的诱惑下，历经了种种幻境，最终领悟到了人生真谛（dì）的故事。后来，人们把书中这种永不满足、不断进取的精神称为"浮士德精神"。

《浮士德》

不朽的《浮士德》

　　《浮士德》是一部将现实主义和浪漫主义相融合的伟大诗剧，它不仅内容博大精深，包含了哲学、历史、音乐等方面的知识，而且运用了各种写作手法，措辞优美而富有韵律感。在艺术形式上，全书运用了丰富的诗歌体裁，从古希腊悲剧到民间传说，从讽刺喜剧到庄严颂歌，无不体现着语言的多样性和美感。在思想层面，通过主人公和魔鬼梅菲斯特之间错综复杂的关系，歌德传递出了一个积极的信息，即在面对诱惑和挑战时，只要坚持不懈地追求真理与美好，就有可能达到精神上的升华。无论从思想深度还是文学价值上来说，《浮士德》都是当之无愧的不朽（xiǔ）杰作。

技多不压身的"文坛巨星"

　　歌德不仅擅长写诗歌和戏剧，还酷爱画画。他一生画了两千多幅画，产量相当惊人。除此之外，他还是一位自然科学家，对矿物、植物、动物、光和色彩等也有深入的研究。

文学　　物理学
矿物学　绘画
自然科学　……

"忘年交"因为让路而决裂？

　　你也许想不到，歌德和贝多芬曾是一对"忘年交"。虽然贝多芬比歌德小二十几岁，但这并不影响两人的友谊。有传闻说，因为歌德曾在街上主动给贵族让路，使得贝多芬觉得他没有骨气，因此两人关系破裂。然而，经过考证，这个传闻多半是不靠谱的，只能作为趣闻来听。

拜伦为什么被称为"诗坛中的勇士"？

英国浪漫主义文学的兴起

18 世纪末到 19 世纪初，欧洲的社会、经济、思想和文化等方面都经历了深刻的变革。在这一历史背景下，许多英国作家出于对现实生活的不满和失望，创作出许多充满幻想、离奇和夸张色彩的诗歌，来表达他们对自由、个性和美的追求，浪漫主义文学也由此在英国兴起。

我是一个自由与浪漫的歌者……

勇于反抗的拜伦

拜伦是英国最杰出的浪漫主义诗人之一。他出身于没落的贵族家庭，因天生跛（bǒ）脚而性格变得自卑、敏感且忧郁。不过，他骨子里却似乎天生带有一种反抗精神。当他的处女作《慵（yōng）懒的时刻》受到评论杂志的批评和挖苦时，他马上写了一首讽刺长诗《英国诗人和苏格兰评论家》予以回敬。

诗歌也有反抗的力量！

在拜伦的作品中，比如《异教徒》《海盗》《莱拉》等，出现了很多性格和命运相似的英雄——"拜伦式英雄"，他们才华出众，但骄傲孤独、离群索居；他们敢于反抗不公平之事，但最终都走向了悲剧的命运。这些形象不仅反映了拜伦对时代的不满与抗争，也深刻揭示了当时社会的矛盾与冲突。

在战斗中呐喊

　　拜伦不仅是一位杰出的诗人，还是一位勇敢而坚毅的战士。1812年，他曾在英国国会公开发表演讲，谴责当权者的无情与冷酷。1823年，他又亲身参与了希腊独立战争。他在作品《路德分子之歌》中坚定地呐喊道："等我们把自己织的布织完，等我们把织梭（suō）换成了利剑，我们就要把布匹向脚下的暴君掷去……"

你要去打仗吗？

拜伦在中国的"粉丝团"

　　拜伦的影响力跨越国界，在中国同样拥有强大的"粉丝团"。到了20世纪初，拜伦的诗歌开始被大量引入中国。有趣的是，当时有许多知名人士，比如梁启超、马君武、苏曼殊等，都曾争相以中国传统文学的形式去翻译拜伦的《哀希腊》。

📖 知识加油站

　　浪漫主义可以分为积极浪漫主义和消极浪漫主义。积极浪漫主义提倡反抗和斗争，而消极浪漫主义主张向现实妥协或逃避现实。

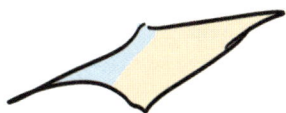

为什么《悲惨世界》被誉为"人类苦难的百科全书"？

《悲惨世界》写了什么？

在一个非常寒冷的冬天，为了不让家里的孩子饿死，贫穷的工人冉·阿让被迫偷了一块面包。然而，就是这一块面包，让他坐了整整 19 年的监狱。出狱后，冉·阿让遇到了一位好心人，立志从此尽力行善，但这残酷的社会却始终不愿接纳他……《悲惨世界》通过冉·阿让的视角，展现了 19 世纪法国底层劳动者的悲惨与不幸。

一次又一次的苦难，让我从浪漫主义者变成了现实主义者！

浪漫主义 ➡ 现实主义

充满无数苦难的社会

法国作家维克多·雨果在这部小说中刻画了许多有着悲惨命运的穷人，他们中有人因为偷了一块面包而被判刑服苦役（yì） 19 年，有人为了养活孩子而不得不卖掉自己的头发和门牙，还有人整日做工仍吃不饱饭……因为他们生活在不公平的社会，所以无论他们如何挣扎，都摆脱不了自身的苦难。然而，书中的这些人物只是当时法国社会众多遭受苦难穷人的"冰山一角"。正因为这样，深刻揭露黑暗现实的《悲惨世界》才被称作"人类苦难的百科书"。

《悲惨世界》是如何诞生的?

据说,这本书的创作参考了当时发生的一个真实事件。一个贫苦的农民因饥饿偷了块面包,结果被判服5年苦役,出狱之后他受到了人们的歧(qí)视,在生活中处处碰壁。这件事让雨果深受触动,激发了他的创作灵感。然而,从收集素材到动笔写作,这期间却相隔了几十年。1851年,因为政治原因,雨果不得不流亡国外。在流亡期间,他对之前的手稿做了重大的调整和修改,最终将书名定为《悲惨世界》。

一颗美丽而高尚的心灵

雨果不只是关心法国人民的命运,也心系全世界的正义事业。1860年,英法联军焚(fén)毁了中国的圆明园。当时有一位法国将领特意给雨果写了一封信,询问他对这场所谓"胜利"的看法。然而,雨果怀着无比愤慨(kǎi)的心情,在回信中斥责英国和法国都是强盗,一个大肆掠劫,另一个纵火焚烧。

一个抢,一个烧!简直是强盗!

财宝

财宝

💡 你知道吗?

其实雨果最初是以诗人身份成名的。他从中学时期就开始写诗,《颂歌与民谣集》是他正式出版的第一部诗集。据说他写诗的收入是按照行数来计算的!

泰戈尔为什么被誉为印度的"诗圣"？

诗集
短篇小说
长篇小说
剧本

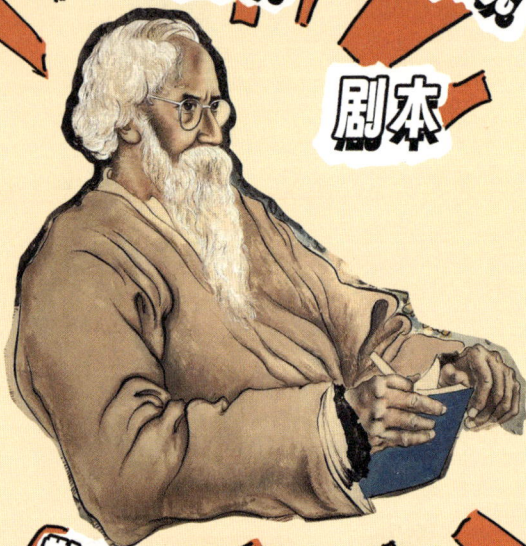

散文
游记
歌曲
画作

高产的文学巨匠

提到印度文学，人们一定会想到泰戈尔。这位被印度誉为"诗圣"的文学巨匠，一生创作了 50 多部诗集、100 多部短篇小说、10 多部中长篇小说、20 多部剧本以及大量的散文、书信、游记等。他几乎涉猎了所有的文学体裁，创作能力可谓相当惊人。然而，你可能不知道的是，泰戈尔的母语其实是孟加拉语，他的多数作品都是用孟加拉语写成的。

太忙了……

泰戈尔对英国的"爱与恨"

泰戈尔生活的时代，印度一直都处在英国殖民统治之下。一方面，泰戈尔将殖民者的罪行看得明明白白，十分痛恨这些人肆意掠夺印度的资源，奴役印度的百姓。强烈的爱国心让他写下了很多作品来谴（qiǎn）责英国的所作所为。但另一方面，他又在英国留过学，深受英国文学的熏（xūn）陶，这在他的作品中同样也有所体现。

第一位获诺贝尔文学奖的亚洲人

1913 年，泰戈尔凭借诗集《吉檀迦（jiā）利》荣获诺贝尔文学奖，这一成就使他成为第一位获得诺贝尔文学奖的亚洲人。在这部诗集中，他以饱满的感情歌颂了生命和生活，表达了对祖国命运的深切关怀。当然，除了《吉檀迦利》，他还有许多代表作，比如《园丁集》《新月集》《飞鸟集》等。

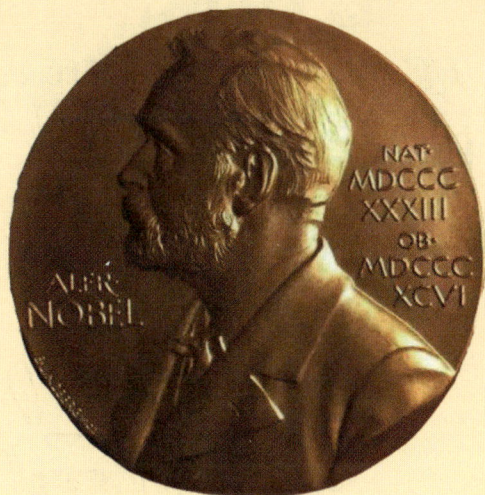

诺贝尔文学奖奖牌

多才多艺的泰戈尔

泰戈尔不仅是个才华横溢的文豪，还是位画家、作曲家、旅行家、社会活动家。1921 年，他在印度创办了一所国际大学。1950 年，他所作的歌曲《人民的意志》被定为印度国歌。同时，他一生足迹踏遍了亚洲、欧洲和美洲，曾亲自到访过很多著名的城市。

💡 你知道吗？

1924 年 4 月 12 日，泰戈尔第一次乘船来到中国。当他一踏上中国的土地，就情不自禁地感慨道："中国和印度是极老而又极亲爱的兄弟。"

《伊索寓言》为什么被誉为 "西方寓言的始祖"？

你听过《农夫和蛇》吗？

奴隶出身的"寓言大师"？

相传，《伊索寓言》的作者伊索曾是古希腊时期的一个奴隶，但凭借其渊博的知识和聪慧的头脑重获了自由。之后，他走遍古希腊的各个城邦，用自己创作的寓言去讽刺当时的高官贵族，最终惨遭杀害。后人把他所编的寓言整理加工后，以诗或散文的形式集结成册，便有了我们今天看到的《伊索寓言》。

你瞧不起谁呀！妇孺皆知啊……

养蜂人
冒牌医生
狐狸和狗
猫和公鸡
狼和小羊
狐狸和葡萄

狮子与野驴
公鸡和鹰
中了箭的鹰
星学家
吹笛的渔夫
蚊子和狮子
女巫
农夫和蛇

你知道吗？

大约在公元前 300 年，最早的伊索寓言集——《埃索波斯故事集成》问世。此后，又有多种版本流传于世界各地，各版本中的内容不尽相同，各有增减和改编。

浓缩即精华

《伊索寓言》的主角多以动植物为主，但也有少部分写的是人、神或物。寓言虽短小简练，却往往能传达深刻的哲理。它们中有些揭露社会矛盾，有些抒发对人生的感悟，还有些总结生活经验。实际上，绝大多数寓言都具有一定的讽刺意义，是为了向读者说明某种道理而创作的。

《伊索寓言》
主角面试

别挤，
都有机会的！

《伊索寓言》的影响力有多大？

《伊索寓言》是西方文学史上一颗璀（cuǐ）璨（càn）的明珠。世界上的许多大文豪，比如莎士比亚、拉·封丹、托尔斯泰等，都或多或少地借鉴了它里面的故事。因为它对后来欧洲寓言的创作产生了深远的影响，所以它还被誉为"西方寓言的始祖"。

《伊索寓言》是怎么传入中国的？

《伊索寓言》早在明朝末年就通过传教士传入中国，但那时它的译名还叫《况义》。清朝时，《伊索寓言》的第二个译本《意拾蒙引》出版了。在这个版本中，译者对原有的故事进行了本土化的改写，还往里面加入了很多的中国俗语。1903 年，由我国翻译家林纾（shū）重新翻译的《伊索寓言》问世，此后，这个书名一直沿用到今天。

《一千零一夜》真的有一千零一个故事吗？

这里面也没有一千零一个故事呀！

关于《一千零一夜》的诞生

《一千零一夜》又叫《天方夜谭》，是阿拉伯地区的一部民间故事集。相传，在很久以前，一位国王发现王后对自己不忠，于是怒火中烧，不但处决了王后，还要求人们每天都献上一位纯洁的少女与自己结婚，并在婚礼的第二天将她处死。

为了阻止国王的暴行，一位宰相的女儿挺身而出。在婚礼当晚，她给国王讲起了故事。国王被这些精彩的故事深深吸引，天亮后决定暂时留下她的性命。于是，一个晚上接着一个晚上，在一千零一个夜晚过去后，国王终于幡（fān）然醒悟……后来，女孩讲过的故事被整理成册，便有了《一千零一夜》。

关于这部书由来的另一种说法

虽然在传说中女孩连续讲了一千零一个夜晚的故事，但《一千零一夜》里并没有一千零一个故事，而是一百三十四个故事。关于这部书的由来，还流行着另一种说法，即它是由阿拉伯及其附近地区的各国人民集体创作而成，里面包含了波斯、印度、古希腊、古埃及等多个地方的民间故事，但其主体是波斯故事集《赫佐尔·艾夫萨乃》（又称《一千个故事》）。

阿里巴巴和四十大盗

阿拉丁和神灯

乌木马

航海家辛巴达

跨越时空的文学宝藏

出现在《一千零一夜》里的既有国王、官员、百姓、盗贼和动物，也有神明和妖魔。书中的故事既奇幻新颖，又富有哲理，其中很多都揭露了当时社会的黑暗，讽刺了权贵的愚昧与残忍，描述了下层百姓的疾苦，在某种程度上再现了古代阿拉伯的社会百态。《一千零一夜》可以称得上是跨越时空的文学宝藏。

无处不在的"中国元素"

《一千零一夜》中也有很多"中国元素"的存在。比如，《阿拉丁和神灯》中的阿拉丁原本生活在中国，《航海家辛巴达》中的辛巴达曾访问过中国，《卡玛尔·宰曼王子和白都伦公主》中的美丽公主也来自中国……当然，书里的"中国元素"远不止这些，认真阅读的话，我们还能找到很多！

💡 你知道吗？

这部阿拉伯古典文学名著传入欧洲后，很快就在当地掀起了一股"东方热"，就连歌德也被它的魅力所折服，不止一遍地阅读它，并在自己的作品中提到它。

《格林童话》竟来源于欧洲民间故事?

格林兄弟一起干了一番大事业……

《格林童话》的原作是给大人看的?

很多孩子都听过《格林童话》中的故事。可你知道吗?它取材于欧洲民间故事,最早并不是写给儿童看的,而是给成人看的。

直到后来,一对热爱文学和民俗研究的德国兄弟——雅各布·格林和威廉·格林,搜集整理这些散落民间的故事素材,又进行多次的删改、修订,才有了适合孩子阅读的《儿童与家庭童话集》,也就是我们现在熟知的《格林童话》。

威廉·格林

雅各布·格林

哥哥,咱俩搜集整理有9年了吧!

是啊,以后的孩子有福了……

《格林童话》讲了什么?

《格林童话》浓缩了19世纪欧洲人民朴素的善恶观,它歌颂真善美,讽刺假恶丑。比如,《白雪公主》《灰姑娘》就告诉我们只有善良诚实的人才能得到幸福,《狼和七只小山羊》《小红帽》则告诉我们坏人会受到应有的惩罚。《格林童话》想要传达的思想,即使放在今天也不过时。孩子们在读这些有趣的故事时,往往能领悟到深刻的人生哲理。

超越时代的经典

在《格林童话》问世后的两百多年里，它被翻译成一百多种语言，书中的故事被传播到世界各地，受到了全世界孩子的喜爱。其中的很多名篇，如《青蛙王子》《白雪公主》《睡美人》等，还被搬上了舞台和荧屏。《格林童话》的影响力不仅超越了国界，也跨越了时代。或许当年的格林兄弟也没有想到，他们会给后世留下这样一笔宝贵的精神财富。

你知道吗？

为纪念童话大师格林兄弟，德国在 20 世纪 70 年代设计了一条旅游线路——"童话之路"。它将与格林兄弟和《格林童话》有关的一些地点串联在一起，从格林兄弟的出生地开始，到童话《不莱梅的音乐家》的发生地结束。

为什么《安徒生童话》的魅力永不褪色？

早晚有一天，我会变成白天鹅……

贫穷又"富裕"的童年

被誉为"现代童话之父"的丹麦童话大师安徒生，他的童年生活十分贫困。幸运的是，安徒生拥有学识渊博的父母，身为鞋匠的父亲常常为他朗诵文学大师们的作品，身为洗衣妇的母亲也常常给他讲故事。虽然小时候的安徒生在物质上很贫乏，但在精神上却很富有，童年时听到的各种各样的故事在安徒生的内心埋下了童话想象的种子。

安徒生铜像

旅行就是生活

安徒生是"深度旅游"爱好者。青年时期，他通过对各地博物馆和艺术馆的深度参观，不断丰富自己的想象力，从而踏上了童话创作的道路。而在旅行中遇见的人、经历的事，也都变成了他的灵感来源和创作素材。旅行，让安徒生见到了更多底层人民的艰难生活，使他对人性、人生和现实生活有了更深刻的思考。可以说，没有旅行，安徒生就不可能创作出这么多优秀的作品。

安徒生的贡献

安徒生一生创作了 160 多篇童话，比如《坚定的锡（xī）兵》《卖火柴的小女孩》《拇指姑娘》《海的女儿》《皇帝的新装》等。时光荏（rěn）苒（rǎn），这些精彩的故事已经陪伴无数孩子度过了他们的童年时光。相比于格林兄弟，安徒生将自己的身份从"搜集者"转变为"创作者"，他改变了欧洲童话故事大都改编自民间传说的传统，大大丰富了童话创作的题材、创作手法和表达技巧，对世界儿童文学创作的发展产生了深远影响。

为童话而生

安徒生写的童话故事是十分深刻的，我们能从中感受到人类复杂多变的情感，比如爱、同情、关怀、善意、希望、悲伤、怀疑、忧郁、失望……1855 年，安徒生为自己写了最后一部传记——《我的童话人生》。在这本书中，他似乎想要告诉世界——他这一辈子就是为童话而生的。

💡 你知道吗？

1956 年，在丹麦女王玛格丽特二世的资助下，国际少年儿童读物联盟成功设立国际安徒生奖。这个奖项面向全世界的童书作家，被誉为世界儿童文学的最高奖项。值得一提的是，不管写了多少作品，每个作家一生只能获得一次国际安徒生奖。

"童话大师"
不是白叫的！

快两百年了，安徒生的童话还是这么有魅力……

《鲁滨逊漂流记》的荒野求生是真的吗？

我可不想把自己的青春年华浪费在荒岛上！

鲁滨逊是怎样来到荒岛的？

在荒岛生活28年是什么滋味？大概只有《鲁滨逊漂流记》里的主人公鲁滨逊知道了。这个一直梦想当水手的商人在一次航海中不幸遭遇了风暴，船只在南美洲北岸一个无名岛上触礁沉没。在这场灾难中，其他船员全部遇难，而鲁滨逊凭借顽强的生命力和些许运气，被海浪卷到了一个杳无人烟的孤岛上，从而开始了他在荒岛上的生存挑战。

荒岛求生是什么滋味？

在荒岛上，陪伴鲁滨逊的只有幸存下来的一条狗和两只猫。为了生存，鲁滨逊展现出了惊人的生存能力：建造住所、制作工具、防御野兽、种植粮食、驯养动物……他还利用岛上的资源制作了一只独木舟，试图逃离岛屿，但未能成功。多年后，他救下了一个差点被虐杀的野人，并给他取名为"星期五"。从此，"星期五"便成为鲁滨逊最忠实的仆人和朋友。最终，在荒岛上生存了漫长的28年后，鲁滨逊被路过的船只救下，他带着"星期五"一同回到了久违的文明社会。

"鲁滨逊"是真实存在的人物吗?

"鲁滨逊"并非完全虚构,而是确有原型。当时,有一个叫亚历山大·赛尔柯(kē)克的水手,因与船长发生冲突,而被放逐到一个荒无人烟的小岛上。此后,他独自一人在那里生活了四年零四个月之久。在他被解救回英国后,这件事情立刻引起了轰动,大家都十分好奇他是如何活下来的。而当时,就是笛福作为记者采访了这位幸存者。后来,笛福以此为灵感,创作出了享誉世界的名作——《鲁滨逊漂流记》。

笛福的作品有多接地气?

在笛福的小说"横空出世"之前,几乎没有作家会以很长的篇幅来描写真实的社会事件,大多数人还是更喜欢创作虚构的故事。而笛福偏偏反其道而行之,他笔下的主人公都是不会魔法、没有超能力的普通人,并且多数可以在生活中找到原型。笛福的作品是英国文学史上的一座里程碑,笛福也被誉为"欧洲小说之父"。

💡 你知道吗?

除了我们熟知的《鲁滨逊漂流记》,笛福还创作了《摩尔·弗兰德斯》《辛格顿船长》《杰克上校》《瘟(wēn)疫(yì)年纪事》等。这些作品你看过吗?

《海底两万里》的科幻故事有多迷人？

我好想畅游海底！

先学会游泳再说吧！

华丽的海底大冒险

在海底旅行两万里，究竟是一种什么样的体验？在《海底两万里》中，法国生物学家阿龙纳斯就带着他的仆人以及一位捕鲸手，有幸参与了这一冒险之旅。他们与"鹦鹉螺号"的尼摩船长一起观赏了最深邃（suì）的海沟，目睹了海底火山的喷发，探索"失落的大陆"——亚特兰蒂斯，寻找海底的宝藏，研究奇异的水生动植物……当然，他们还与章鱼、鲨鱼及敌人展开了激烈的搏斗！

"鹦鹉螺号"有多厉害？

除了惊心动魄的冒险故事，《海底两万里》更令人着迷的，是那艘名叫"鹦鹉螺号"的巨型潜水艇。它是由尼摩船长从全世界搜集来的零件组装而成的，依靠海水发电运行。在小说中，这艘潜艇既能快速前进，又能潜入数万米深的海底，而它的内部也十分宽敞舒适，图书馆、博物馆等一应俱全，甚至还能藏得下12000册书，以及各种各样的奇珍异宝。当然，"鹦鹉螺号"的撞击能力也是无敌的，它头部的钢铁冲角可以轻松穿透战舰的船身。

在科幻中实现探险梦

凡尔纳出生在法国的一个海港城市，他从小家境优渥（wò），受到了良好的教育。由于向往海上冒险，凡尔纳写了三部关于海洋探险的科幻小说：《格兰特船长的儿女》《海底两万里》《神秘岛》。当然，他的其他题材的作品同样也取得了巨大的成功，比如《地心游记》《八十天环游地球》等。凡尔纳被誉为"现代科幻小说之父""科学时代的预言家"，他的作品处处洋溢着英勇无畏的探险精神。

带有悲剧色彩的科幻故事

虽为科幻小说，但《海底两万里》的故事充满了悲剧色彩。尼摩船长原本过着衣食无忧的生活，不幸的是他的家人惨遭当时英国殖民者杀害，心怀仇恨的他也曾试图反抗，却最终失败。之后，心灰意冷的他发誓永不踏上陆地。然而，即使远离陆地，下潜到海洋深处，他内心的仇恨之火也从未熄灭过。这种复杂的情感纠葛和深刻的内心冲突使得尼摩船长的形象更加立体和丰满，也赋予了《海底两万里》这部作品更加深刻的内涵和意蕴。

为什么《昆虫记》被誉为"昆虫的史诗"？

昆虫们赫赫有名，多亏了法布尔啊！

昆虫世界是怎样的？

提到昆虫，你肯定会想到法国昆虫学家法布尔的《昆虫记》。这部描写昆虫的科学著作历经一百多年，依然受到孩子们的喜爱。它到底有着怎样的魅力呢？

《昆虫记》与传统科普著作不同，这里的小昆虫们都被赋予了思想，拥有鲜活的性格，它们的"衣食住行""喜怒哀乐""爱恨情仇"都那么活灵活现。当你看《昆虫记》时，很自然地就会把昆虫世界和人类社会联系在一起。

痴迷在昆虫的世界里

法布尔从小就喜欢观察昆虫，长大之后也一直从事相关的研究。他常常拿着一个放大镜，趴在草地上一连几个小时，观察来来往往的小昆虫，看蚂蚁如何建造巢穴和寻找食物，研究蟋蟀的翅膀、触角和口器等构造。他会把狼蛛和蝎（xiē）子关在一起，观察它们是如何争斗的；他会详细记录昆虫们的"食谱"，了解它们的饮食结构……法布尔对昆虫的观察和研究达到了极致。这不仅为《昆虫记》提供了丰富的素材，也为后来的昆虫学家们提供了重要的参考。

为小昆虫们购置"生活乐园"

为了能拥有一个观察和研究这些昆虫及其生态环境的场所，法布尔在完成《昆虫记》第一卷后，便用积蓄购买了一个荒芜的老宅子。这片老宅中的一大片荒地便成了螳（táng）螂（láng）、蝴蝶、金龟子、萤火虫等各种小昆虫的"生活乐园"。法布尔给它起了一个有趣的名字——"荒石园"。在这里，法布尔可以长时间地观察并研究昆虫们的习性、生命周期、社会结构以及与周围环境的互动关系。此后，法布尔的余生都在这里度过。

"昆虫的史诗"

《昆虫记》总共十卷，花费了法布尔二十多年的心血。在这部著作中，法布尔结合自身经历，用优美而风趣的语言记录了一百多种昆虫从出生到死亡的整个过程，比如蜣（qiāng）螂、蚂蚁、萤火虫、蟋蟀等。书里细腻地描绘了大自然的美丽与残酷，使得读者可以沉浸式地体验昆虫的生活，就像能见证这些小生灵的生与死一样。怪不得人们都说《昆虫记》是"昆虫的史诗"。

为什么《爱的教育》被认为是儿童成长的必读书？

你在干吗？

听说写日记能成名……

日记里流淌的"爱"

提到意大利儿童文学，《爱的教育》绝对是绕不开的一部经典著作。这部荣获世界儿童文学最高奖项——国际安徒生奖的小说，是意大利作家亚米契（qì）斯专门为小学生写的。作品以日记的形式，记录了发生在四年级男生安利柯身边的各种故事。书中不仅包含他在学校的点点滴滴，还有父母给予他的爱的叮咛以及老师在课堂上分享的感人故事，字里行间洋溢着爱的气息。

故事中的真实世界

在《爱的教育》中，有聪明的代洛西、正义的卡隆、乐观豁达的可莱谛……当你阅读这部作品时，会发现里面塑造的人物都很亲切，好像你的周围就有这样的同学，你甚至能在他们身上找到自己的影子。亚米契斯不仅想用故事启迪孩子，也努力尝试帮助大人去了解孩子的内心世界，学会如何跟孩子沟通。

用小小的文字"挖"出大大的道理

别看《爱的教育》是以小学生的口吻来讲故事，但在它那充满纯真和童趣的文字里却蕴含着很多为人处世的大道理。例如，它告诉孩子们，学习文化知识固然重要，但也要热爱祖国、家乡，尊敬父母、师长，爱护同学，要学会思考，要勇于尝试，并努力成为一个正直的、有责任感的人。

灵感之源

这部历经百年仍受大家欢迎的《爱的教育》是作家亚米契斯根据儿子的日记改编而成的，里面的故事并非完全虚构，许多都来源于真实的生活。所以说，我们今天有幸能读到如此优秀的儿童文学作品，亚米契斯的儿子也功不可没哦！

📺 课堂小链接

日记体小说通常是由几篇内容有关联的日记连缀而成。在这种文体中，每篇日记的写作时间可以是不连续的，但它们的内容需要包含一定的线索，从而将文中主人公的经历串联起来。如果你只是把一些前后毫无关系的日记拼凑在一起，那可不能算是日记体小说哦！

假如海伦·凯勒拥有"三天光明"

只有三天啊……

在逆境中活成传奇

试想，如果你看不见、听不见，甚至也说不出话，你会有怎样的感受呢？是不是对未来失去了信心？可就有这样一个女孩，不到两岁就被一场大病夺走了视力和听力，这意味着她学会说话的可能性也变得微乎其微。可是她却没有自暴自弃，而是以超乎寻常的毅力，克服了重重困难，学会了读书、写字、说话、绘画、弹钢琴和写作，还掌握了多门语言，并最终实现了自己的大学梦。这个小女孩就是《假如给我三天光明》的作者——海伦·凯勒(lè)。

一部充满爱与希望的自传

《假如给我三天光明》是一部散文体自传，它讲述的是作者海伦·凯勒在遭遇失明和失聪后，如何在忧郁沮(jǔ)丧中重拾对生活的希望，并一步步"逆袭"，最终实现自己梦想的故事。海伦·凯勒感恩每一个曾帮助过自己的人，尤其是她的家庭教师——安妮·莎利文。安妮老师给予了她极大的爱与鼓励，这份深厚的师生情在作品里被刻画得尤为感人。

她温柔得像我的妈妈……

这部自传，处处流淌着爱与希望，也处处彰(zhāng)显着作者与命运抗争的不屈不挠的精神。每一个读过它的人，都能从中获得力量。

"三天光明"的美丽幻想

如果海伦·凯勒真能拥有"三天光明"，她会做什么事情呢？在这部自传中，她有三个美丽的愿望。

第一天，她要看到所有那些鼓励她活下去的、善良友好的人们，并将他们的脸庞铭记在心。

第二天，她打算伴着曙（shǔ）光起床，去看太阳初升、黑夜变成白天的壮丽景色。

第三天，她会用心体验现实世界，看看普通人是怎样平凡地生活着的……

如果是你，你会怎么利用这三天呢？

海伦·凯勒像

忘我就是快乐

海伦·凯勒是如何克服生理缺陷所带来的痛苦的呢？在《假如给我三天光明》中，我们或许能够找到这个问题的答案："我要把别人的眼睛所看见的光明当作我的太阳，别人耳朵所听见的音乐当作我的乐曲，别人嘴角的微笑当作我的快乐。"这种"忘我就是快乐"的超越自身苦难的精神，深深地鼓舞着我们每一个人。

💡 你知道吗?

海伦·凯勒是美国第一位获得文学学士学位的聋盲人，也是美国著名的慈善家和教育家。她一生创作了14部文学作品，并一直致力于推动帮扶盲人的公益事业。

《尼尔斯骑鹅旅行记》为什么能成为百年经典？

骑着大鹅去旅行喽！

一位了不起的女性作家

1885 年，塞尔玛·拉格洛夫从师范学院毕业后，来到一所女子中学当老师，并在这里开始了她的文学创作生涯。

1904 年，已经获奖无数的塞尔玛·拉格洛夫决定要为孩子们创作一部能展现瑞典地域风情，兼具趣味性和教育意义，适合在校园阅读的童话作品。在《尼尔斯骑鹅旅行记》创作之初，为了给孩子们普及更多的地理、生物和民俗文化知识，身患腿疾的她强忍疼痛，跋（bá）山涉水，走遍了瑞典的城镇和乡村，只为研究飞禽走兽的习性、了解各地的风俗人情和自然环境，以及搜集更多的神话传说。

骑鹅旅行中的蜕变

骑着大白鹅去旅行是一件多么酷的事情呀！在瑞典女作家塞尔玛·拉格洛夫创作的《尼尔斯骑鹅旅行记》里，一个名叫尼尔斯的小男孩就幸运地经历了一场"骑鹅之旅"。

最初，尼尔斯是个喜欢恶作剧、爱欺负小动物的小孩。然而有一次，他被生气的小精灵用魔法变成了拇指小人儿。这时，恰好家里的一只大白鹅追着大雁飞上了天，他便阴差阳错地骑着这只大白鹅，开始了一场奇幻的长途旅行。

在旅途中，尼尔斯见到了很多自然风光，增长了见识，获得了友谊，也明白了许多道理。故事的最后，他彻底蜕（tuì）变为一个善良勇敢、助人为乐、有爱心、有担当的小男子汉。

最高的赞誉

　　《尼尔斯骑鹅旅行记》强调了勇气、责任、友谊和自我成长等主题。它通过小男孩尼尔斯的成长和蜕变，鼓励孩子们要勇敢面对困难和挑战，同时也要珍惜友谊，保护自然环境。故事中还涉及诚实守信、团结友爱、勤劳自律等道德品质，孩子们可以从中感受到满满的正能量。塞尔玛·拉格洛夫正是凭借这部童话作品获得了诺贝尔文学奖！同时她也是唯一一位凭借一部长篇童话获此殊荣的作家。

对人与动物、自然关系的思考

　　19 世纪末到 20 世纪初，正值欧洲经历第二次工业革命，当时的人们加剧了对大自然的掠夺，导致许多动物失去了自己的家园。生活在这样的时代，故事的小主人公尼尔斯最初想当然地认为动物的生命并不重要，直到他与越来越多的动物相处之后，他开始反思自己过去犯下的错误。

　　看完《尼尔斯骑鹅旅行记》后，你有没有思考人与动物、人与自然之间该如何相处的问题呢？

💡 你知道吗？

　　塞尔玛·拉格洛夫是一位非常善良和勇敢的女性。二战时期，她凭借自己的智慧和影响力，成功帮助一位作家幸运地从敌人的手中逃脱。为了纪念这位伟大的作家，瑞典还曾发行过以她为主题的邮票和纸币。

为什么《夏洛的网》是一首生命和友谊的颂歌？

一只蜘蛛的生命启示

生命是什么？我们又为了什么而活着？当你正在为这些问题困惑时，一只不起眼的蜘蛛给出了答案——如果一辈子仅仅局限于织网和捕捉蚊蝇，那一生是毫无意义的。做有意义的事情来提升自己的生命价值，活着才有意义。这只充满智慧的蜘蛛名叫夏洛（luò），它来自被誉为"美国最伟大的十部儿童文学名著"之一的《夏洛的网》。

蜘蛛和落脚猪的友谊

《夏洛的网》讲述的是发生在一只蜘蛛和一头落脚猪之间的友谊故事。蜘蛛夏洛和小猪威尔伯以及一群小动物共同生活在一个农场的谷仓里。因为威尔伯天生就是一只发育迟缓的落脚猪，所以它看起来又弱又小。有一天，当它得知自己将要被做成熏火腿时，忍不住尖叫起来，而看似渺小的夏洛却坚定地告诉它："我会救你。"于是，夏洛在自己的蛛网上先后织出被人类视为奇迹的四个词——"some pig"（王牌猪）、"terrific"（了不起的）、"radiant"（光彩照人的）、"humble"（谦卑的），而这也真的改变了威尔伯的命运——是的，它被一只蜘蛛拯救了。

因为帮助你，我的生命才更有意义。

因为你，我才没有成为人类餐桌上的火腿！

夏洛和威尔伯的
友谊太感人了！

那咱俩的友谊呢？

在悲伤中蕴含希望

然而，随着时间的流逝，夏洛的生命也走到了尽头……不过，别担心，故事的结局并不是以悲伤收场，在生命的最后时刻，夏洛把它一生中最重要的"作品"——一个装满 514 个孩子的卵袋托付给了威尔伯。而威尔伯怀着一颗感恩的心，尽心尽力地抚养夏洛的孩子们，直到它们长大并离开……

夏洛和威尔伯彼此信任、相互扶持，成就了一段传奇的友谊。如果没有夏洛，威尔伯也许早就成为人类餐桌上的熏火腿；而如果没有威尔伯，夏洛也不会编织出独一无二的网，它的生命也不会变得那么有意义。

探讨生死、成长和生命的价值

虽然披着童话的外衣，但《夏洛的网》其实是一部探讨生死、成长和生命价值的文学作品。作家 E·B·怀特将现实世界与想象世界相互交融，谱写了一首温情而令人感动的生命赞歌。虽然书中有对死亡的描写，但相信每个读过这部作品的孩子，内心不但不会感受到阴冷和灰暗，反而会被一束温暖而明亮的光芒照亮。夏洛和威尔伯之间至死不渝（yú）的友谊，也会让孩子领悟生命的意义——虽然生命的消亡是一种自然规律，但每一个生命都有力量，每一段友谊都值得珍藏。

💡 你知道吗？

作家 E·B·怀特曾用"4000 打鸡蛋、10 头猪和 9000 磅牛奶"来形容自己在缅因州四年半的农场生活。也正是这段丰富而独特的经历，成就了他人生中仅有的三部举世闻名的童话著作——《精灵鼠小弟》《夏洛的网》《吹小号的天鹅》。这些作品不仅深受读者喜爱，更成为儿童文学的经典之作。

为什么《小王子》能成为永恒的经典？

好想来一场说走就走的星际旅行……

你以为你是小王子吗？

一场说走就走的星际旅行

如果有人问，哪部作品能让人始终保持一份童心，并值得用一生去品味，那么一定非《小王子》莫属。这部作品由法国作家圣埃克苏佩里创作，他从宇宙的高度观察人类，以一个落难的飞行员的视角，讲述了本来生活在 B-612 星球上的小王子，在与骄傲的玫瑰发生矛盾后，来了一场说走就走的宇宙旅行的故事。小王子作为整个故事的中心，代表着童真世界里的孩子，《小王子》正是用纯粹的孩子的目光，对成人世界展开了深刻的审视。

我只喜欢听赞美！

你必须听我的命令！

99 颗、100 颗、101 颗……拥有星星，会让我富有！

喝酒可以让我忘记喝酒的耻辱！

未成年不许饮酒哦！

我是地理学家，别让我去干勘探的事！

我每一分钟都要点灯、熄灯一次……

前六个星球上的居民——形形色色的成年人

小王子在整个星际旅行中，先后去过七个星球，在前六个星球上，他遇到了形形色色的人：专横的国王、虚荣的自恋狂、贪婪的商人、固执的点灯人、无知的地理学家。这些人代表了生活在成人世界里各种各样的成年人，而对成人世界一无所知的小王子，也在旅途中陷入了深深的孤独和思考中。

得到心灵的治愈

在旅行的最后一站——地球，小王子与一位迫降在撒哈拉沙漠的飞行员结下了深厚的友谊，这位飞行员象征着本书的作者。飞行员是书中唯一一个能和小王子说上话的人。不过，在遇见他之前，小王子还结识了一只充满智慧的小狐狸。这只渴望被驯养的小狐狸让小王子懂得：肉眼无法看清事物的本质，只有用心才能真正看清。此时，小王子也终于明白，自己为之付出过爱的玫瑰和玫瑰园里的玫瑰是不同的。最终，他决定返回自己的星球，去找回曾经属于他的、独一无二的玫瑰。

> 小狐狸说得对，我要找回属于我的独一无二的玫瑰。

我的玫瑰在哪儿呢？

饱含深刻含义

《小王子》既是给孩子看的，也是给大人看的。故事中的小王子有着对理想的追求和对爱的坚持。他只交自己想交的朋友，从不会考虑利益问题。他仿佛是作者派往成人世界的天使，用他纯洁高尚的心灵，帮助成人重新思考和感受人生。

在这部富有诗意和淡淡哀愁的童话里，处处都藏着隐晦而深刻的象征，无论是大人还是孩子，都能从中得到不一样的感受和启发。这也让《小王子》在面世的 80 多年里，一直是大人和孩子心中永恒的经典。

💡 你知道吗？

《小王子》的作者圣埃克苏佩里的一生非常传奇，作为飞行员的他参加过第二次世界大战，曾数次死里逃生。不过遗憾的是，在最后一次执行飞行任务时，他不幸失踪，至今也没人知道他的确切下落，这成了一个未解的谜团。